観光情報学入門

観光情報学会 編

近代科学社

◆読者の皆さまへ◆

小社の出版物をご愛読くださいまして,まことに有り難うございます.

おかげさまで,㈱近代科学社が1959年の創立以来,2009年をもって50周年を迎えることができました.これも,ひとえに皆さまの温かいご支援の賜物と存じ,衷心より御礼申し上げます.

この機に小社では,全出版物に対してUD(ユニバーサル・デザイン)を基本コンセプトに掲げ,そのユーザビリティ性の追究を徹底してまいる所存でおります.

本書を通じまして何かお気づきの事柄がございましたら,ぜひ以下の「お問合せ先」までご一報くださいますようお願いいたします.

お問合せ先:reader@kindaikagaku.co.jp

なお,本書の制作には,以下が各プロセスに関与いたしました:

・企画:小山　透
・編集:石井沙知
・組版,カバー・表紙デザイン:菊池周二
・印刷,製本,資材管理:藤原印刷
・広報宣伝・営業:山口幸治,冨髙琢磨

●本書に記載されている会社名・製品名等は,一般に各社の登録商標または商標です.本文中の©,®,™等の表示は省略しています.

・本書の複製権・翻訳権・譲渡権は株式会社近代科学社が保有します.
・ JCOPY 〈(社)出版者著作権管理機構 委託出版物〉
本書の無断複写は著作権法上での例外を除き禁じられています.
複写される場合は,そのつど事前に(社)出版者著作権管理機構
(電話 03-3513-6969, FAX 03-3513-6979,
e-mail: info@jcopy.or.jp)の許諾を得てください.

序文

　本書は，観光情報学とはどういうものかを学ぶためのテキストとして書かれたものである．観光に関する学会は古くから数多く存在するが，観光を情報という観点から見るという立場はほとんど存在しなかった．観光において情報が果たす役割は非常に大きく，適切なタイミングで適切な情報を提供すると，観光はとても良いものになる．しかし，まずいタイミングでまずい情報を提供してしまうと，観光はだいなしになってしまう．そこで，最近の技術を用いれば，うまく情報を提供して観光の魅力を増すことができるという考えから，観光情報学会が2003年に設立された．理系文系という分け方は紋切り型かもしれないが，あえて言えば従来は文系に偏りがちであった観光の学問に，観光情報学会は理系の要素を取り入れたということになる．

　新しい研究領域はどれもそうであるが，最初からその体系が存在するものではない．混沌とした中から少しずつ体系化していくことが，新しい学問を立ち上げたときの重要な作業になる．観光情報学はまだ始まったばかりであるが，これまでの初期の研究成果を一旦まとめて体系化を図ることが，この研究領域に新たな人を呼び込んでさらに発展させるために必要と考えて，観光情報学会として本書の企画に至った次第である．

　本書は，私が2009年に観光情報学会の二代目の会長になった直後に発案し，学会として本の構成を検討して，学会の主要メンバーに執筆をお願いした．忙しい中執筆していただいた方々に感謝する．もっと早く発刊する予定であったが，遅れてしまったのは私の責任であり，この場を借りてお詫びしたい．また，観光情報学会の担当理事として本書のとりまとめをしていただいた北海道大学の小野哲雄氏，本書の出版を引き受けて編集をしていただいた近代科学社の小山透氏に深く感謝する．

　本書によって観光情報学に興味を持つ人が増えて学問が盛んになり，ひいては観光の振興につながることを願っている．

2015年4月
桜が連休に咲くのを心待ちにしている函館にて
松原　仁

目次

1章 はじめに 観光情報学とは？

- 1.1 観光とは何か ……………………………………………………………… 1
- 1.2 観光にまつわる学問 ……………………………………………………… 2
- 1.3 個人旅行と観光情報学 …………………………………………………… 4
- 1.4 観光情報学で対象とする研究の概観 …………………………………… 5
- 1.5 観光情報学の今後 ………………………………………………………… 7
  - 章末問題 ……………………………………………………………………… 8
  - 参考文献 ……………………………………………………………………… 8

2章 情報化時代の観光行動

- 2.1 観光行動の変遷 …………………………………………………………… 9
- 2.2 旅行前の観光行動と情報サービス ……………………………………… 15
- 2.3 観光旅行中の観光行動 …………………………………………………… 18
- 2.4 観光旅行後の観光行動 …………………………………………………… 19
- 2.5 観光行動に関する情報サービスの今後 ………………………………… 20
  - 章末問題 ……………………………………………………………………… 21
  - 参考文献 ……………………………………………………………………… 21

3章 位置情報サービスと観光

- 3.1 位置情報サービスの概要 …………………………………………… 23
- 3.2 位置情報サービスを実現するための要素技術 ………………… 27
- 3.3 観光分野などにおける位置情報サービスの事例 ……………… 33
  - 章末問題 ……………………………………………………………… 39
  - 参考文献 ……………………………………………………………… 39

4章 拡張現実（AR）が観光にもたらすインパクト

- 4.1 拡張現実（AR）とは ………………………………………………… 43
- 4.2 ARの基礎技術 ………………………………………………………… 45
- 4.3 観光への応用 ………………………………………………………… 48
- 4.4 ARの課題と可能性 …………………………………………………… 51
  - 章末問題 ……………………………………………………………… 53
  - 参考文献 ……………………………………………………………… 53

5章 デジタルアーカイブと観光

- 5.1 観光情報とデジタルアーカイブの関係 ………………………… 55
- 5.2 地域デジタルアーカイブ …………………………………………… 57
- 5.3 デジタルアーカイブの観光情報への利用 ……………………… 59
- 5.4 アーカイブを活用する観光デザイン …………………………… 65
  - 章末問題 ……………………………………………………………… 67
  - 参考文献 ……………………………………………………………… 67

6章

観光情報とデザイン

- 6.1 PRとナビゲーション ……………………………………………… 69
- 6.2 PRの再構築と地域デジタルアーカイブ ………………………… 71
- 6.3 デスティネーションにおけるPRの再構築 ……………………… 71
- 6.4 地域デジタルアーカイブによるデスティネーションキャンペーン … 72
- 6.5 ナビゲーション ……………………………………………………… 78
  - 章末問題 ………………………………………………………………… 81
  - 参考文献 ………………………………………………………………… 81

7章

ユーザ参加による情報構築と価値共創

- 7.1 観光消費行動と情報行動 …………………………………………… 83
- 7.2 Web2.0時代と情報行動 …………………………………………… 84
- 7.3 CGMとUGC ………………………………………………………… 85
- 7.4 AISASモデルと口コミ ……………………………………………… 86
- 7.5 口コミ共有と二つの価値共創 ……………………………………… 88
- 7.6 集合知とは何か ……………………………………………………… 90
- 7.7 集合知の活用 ………………………………………………………… 91
- 7.8 経験価値と価値共創 ………………………………………………… 96
  - 章末問題 ………………………………………………………………… 100
  - 参考文献 ………………………………………………………………… 100

8章

観光情報パーソナライゼーション

- 8.1 はじめに ……………………………………………………………… 101
- 8.2 パーソナライゼーションとレコメンデーション ………………… 104
- 8.3 レコメンデーションを実現する理論 ……………………………… 111
- 8.4 おわりに ……………………………………………………………… 115
  - 章末問題 ………………………………………………………………… 117
  - 参考文献 ………………………………………………………………… 117

9章 ゲーミフィケーションと観光

- 9.1 観光とゲームイベント ……………………………………………… 119
- 9.2 恒常的なゲーム運営 ………………………………………………… 120
- 9.3 携帯電子機器を使った観光周遊支援ゲーム ……………………… 121
- 9.4 参加者が創る観光周遊支援ゲーム ………………………………… 126
- 9.5 ゲーミフィケーションという文脈から …………………………… 129
- 9.6 思い出を記録し口コミにつなげる仕掛け ………………………… 131
  - 章末問題 ………………………………………………………………… 133
  - 参考文献 ………………………………………………………………… 133

10章 観光情報が拓く観光サービスのデザイン

- 10.1 観光とサービス工学の接点 ………………………………………… 135
- 10.2 観光プランを，誰がいつデザインするか ………………………… 139
- 10.3 観光情報が拓く観光サービスのデザイン ………………………… 146
- 10.4 おわりに：価値共創の時代と，変化する旅行会社の役割 ……… 148
  - 章末問題 ………………………………………………………………… 149
  - 参考文献 ………………………………………………………………… 149

11章 観光地イメージとサービス・マーケティング

- 11.1 観光とイメージ ……………………………………………………… 151
- 11.2 観光目的地（デスティネーション）と観光情報 ………………… 152
- 11.3 観光地のサービス商品と情報技術 ………………………………… 158
- 11.4 観光地サービス・マーケティングの新潮流 ……………………… 166
  - 章末問題 ………………………………………………………………… 171
  - 参考文献 ………………………………………………………………… 172

12章 観光情報システムが目指す未来

12.1 UNWTOにおける国際的観光動向 ･･････････････････････ 173
12.2 世界観光競争力ランキング ････････････････････････････ 175
12.3 国際競争力のある観光産業育成に向けての情報システム ･･････ 176
12.4 観光はシステムとしての発明品 ･･････････････････････････ 177

    章末問題 ･･ 179
    参考文献 ･･ 179

13章 観光情報学に関するトピックス

13.1 東日本大震災からの復興と観光情報学 ･････････････････････ 182
13.2 温泉旅館ソフトの中国への輸出可能性 ･････････････････････ 186
13.3 文化観光における情報の役割とその将来展望—平泉の取組みから ･･･ 193
13.4 風評被害と観光 ････････････････････････････････････ 200

    章末問題 ･･ 205
    参考文献 ･･ 205

章末問題の解答・ヒントなど ･･････････････････････････････････ 207
索引 ･･･ 217
著者紹介 ･･･ 223

1章 はじめに　観光情報学とは？

　観光情報学は情報の観点から観光を捉える新しい学問分野である．観光に関する学問はさまざま存在するが，個人旅行や海外旅行においては，情報の果たす役割は非常に重要なので，これからの観光を考える上で観光情報学の重要性が増していくと考えられる．本章では観光情報学がどのような学問であるのかを概観する．

1.1　観光とは何か

　観光という言葉が日本で使われるようになったのは意外と最近のことで，明治時代以降である．英語のtourismの訳語として大正時代になって定着したとされる．観光の語源は中国の『易経』という書物の中の「国の光を観る．もって王に賓たるに用いるに利し」という一節による．観光はもともと国の威光を観るという意味だったのである．ちなみに現代の中国では，日本語の観光の意味で観光という用語が使われることはほとんどないとのことである．

　日常活動圏を離れて移動することを旅行と呼ぶが，旅行は仕事，家事，帰省などの真面目な目的も含むので，それらを除いた遊び目的のものを観光（旅行）としていた．しかし真面目な目的の旅行のついでに遊ぶことも多くなってきたので，旅行と観光の明確な区別はあまり意味がなくなっている．たとえば最近では，医療施設で診断や検査を受ける目的で旅行をしたついでに観光を楽しむことをヘルスツーリズムと名づけて，多くの地域が力を入れている．これは旅行でもあり観光でもある．

　経済的に余裕がないときは遊びで日常生活圏を離れて移動することはない．日

本が経済的に貧しかった時代には，観光することができる機会は限られていた．日本では江戸時代に庶民が伊勢神宮を参拝した「お伊勢参り」が（観光）旅行の走りとされている．また，20世紀のある時期までは新婚旅行はその数少ない機会の一つであった．海外に観光に行くことは，1960年代ぐらいまでは（事実上の渡航制限もあって）ほとんど不可能であった．観光は特別な人がする，あるいは特別な機会にする特別なことであった．

　日本の経済発展に伴って多くの人が観光することができるようになった．国内の観光は1960年代になって普及しはじめ，海外の観光は1970年代になって普及しはじめた．いまや多くの人が正月，春休み，ゴールデンウイーク，夏休み，冬休みなどに観光を楽しんでいる．観光は普通の人が普通にすることになったのである．観光で大きな金額が動くようになったので，産業としての観光の重要性が高まっていった．日本政府は2008年に観光庁を設立して，特に外国人が日本に来て観光をする（インバウンドと呼ぶ．日本人が外国に行って観光をするのがアウトバウンドである）ことの促進を目指している．2014年に年間1000万人のインバウンド数を2020年に2000万人にすることが目標である．

1.2 観光にまつわる学問

　観光が社会的活動として産業として重要になってくると，当然ながらそれを対象とした観光学の学問分野が発生する．観光の学会は国内に多数存在している．いくつかを設立年とともに挙げてみよう（他にも存在しており，必ずしも網羅していないことを断っておきたい）．

1960年：日本観光学会
1986年：日本観光研究学会
1993年：日本国際観光学会
2001年：総合観光学会
2001年：ツーリズム学会（余暇ツーリズム学会）
2001年：観光まちづくり学会
2002年：日本観光ホスピタリティ教育学会

2011年:コンテンツツーリズム学会
2012年:観光学術学会

　従来の観光系の学会はどれも経済学,経営学,社会学,地理学などを踏まえたもので,情報という観点は存在していなかった.そこで,情報系の研究者が中心になって情報の観点から観光を捉える学問分野として提唱したのが,観光情報学である.観光情報学会の設立趣旨の文章を一部抜粋してみよう.

　観光産業は,その構成要素として,観光者,行政,業者そして観光資源からなり,これらの要素が密接に連関しているコンプレックス・システム(複雑系)と考えられます.そして,これらの要素を連関させるために必須のものが情報です.「情報学」の観点からいえば,知ってこそ,あるいは知られてこそ情報は情報としての価値があるものです.必要な情報をいかに収集し,それらの情報をいかに知らせるかあるいは知るか,それらの情報を基にいかに経営戦略を立てるか.すなわち,観光情報の収集,配信,利用が必須であるにもかかわらず,現状ではそこがすっぽりと抜けているといわざるを得ません.

　このように観光は,基幹産業の1つなのにもかかわらず,観光に対して情報を切り口として学問として支える基盤は脆弱です.それは,産学官を横糸でつなぐキイが存在しないからです.そのキイは情報です.ここに観光と情報を併せ持った研究領域としての「観光情報学」を確立する強い動機と必然性が生じます.

　観光自体は,非日常的な場所に移動していいものを食べたり,いいものを見たり体験したりするという物理的な行動であるが,ここで提唱されているのはその観光の質を上げるのも下げるのも情報なので,情報という観点から観光を捉えることが(観光の質を上げるために)重要という立場である.この立場で2003年に観光情報学会が設立された.観光情報学の国際学会としては1997年にIFITT (International Federation for Information Technology in Travel and Tourism)[1]が設立されている.IFITTも研究者だけでなく観光従事者や自治体関係者が会員になっており,この学会がEnterという国際会議を毎年実施している.また,観光情報学会はIFITTの日本支部を兼ねている.

---

[1] http://www.ifitt.org/

1.3 個人旅行と観光情報学

ここで，観光をしようと思いついて計画を立て，予約を取って実際に観光し，家に戻ってきて懐かしむ，という観光の一連の流れを考えてみよう．旅行エージェントに行って依頼することもあるが，ここでは自分でこなすことを想定する．

まず観光をしようと思い立つ．仕事などで行き先が決まっている場合を除けば，どこに観光に行くかをまず考えることになる．一人でなく複数で行く場合は，相談をして参加者の合意を取らなくてはいけない．観光ガイドブックを読んだり，テレビの旅番組を見たり，あるいはインターネットで情報を探したりして，どの観光地がいいかを検討する．観光にまつわる膨大な情報の中からいかに適切な情報を手頃な時間で取得できるかは，まさに観光情報学の重要な課題である．映画を見てそのロケ地に行くフィルム・ツーリズムは今でも盛んだが，最近は漫画やアニメを見てその舞台となった土地に行くという観光も増えている（「聖地巡礼」と呼ばれている．コンテンツツーリズム学会はこれを研究対象としている）．

観光地から見ると，数多い候補の中から自分たちを選んでもらうために，どのような情報提供をすればいいかが課題になる．特に，外国人に対して外国語で適切な情報を提供することが，全国の観光地にとって共通の課題になっている（変化しない情報は一度その国の言葉に翻訳して載せておけばそれで済むが，季節のお勧めやイベント情報などは，日本語なら頻繁に更新できても外国語対応はむずかしい）．

行き先が決まったら，順番はときによって異なるが，どのように移動するか，どこに泊まるか，何を見るか（体験するか），何を食べるか，などを検討することになる．移動について，以前は時刻表など紙の情報を参照することが多かったが，今はインターネットの情報を参照することが増えてきた．宿泊とセットになった割安料金のパックも存在するので，時間やサービスと値段の兼ね合いを評価してどれにするかを決めることになる．宿を決めるときはインターネットでの評判をチェックする（食事をする店を決めるときも同様である）．その評判がどれくらい信用できるかを判断するのは，現代のインターネット情報に共通する課題である．何を見るか（体験するか）については観光ガイドブックやその観光地のインターネット情報を参照する．季節に関係するもの（紅葉や降雪など）は特にその年の情報を

正確に見なければいけない．

　次は，選択したものを必要に応じて予約することになる（選択と同時に予約する場合もある）．以前は電話やfaxなどが普通の予約手段であったが，交通手段，宿はいまやインターネット予約の方が多くなりつつある．飲食店の予約は今も電話が中心である．飛行機や鉄道や宿の予約システムは進歩しているものの，まだ使いにくい部分も多いと思われる．

　そしていよいよ実際の観光である．これまでパソコンでインターネット情報を得ていた人も，現地ではスマートフォンや携帯電話で観光情報を得ることになる（相当数の人は観光にもパソコンを持っていくが，移動中にパソコンを操作するのは面倒である）．そこで現地の観光情報はこれらの情報機器に対応していることが必要である（朝夕は宿にあるパソコンで予習をすることもあるので，パソコン対応の情報も合わせて必要になる）．地図で目的地までの道順を示してくれたり，音声で観光ガイドを流してくれたり，バスや電車の時刻表を見せてくれたり，旬の食べ物を教えてくれたりと，現地での情報提供の用途は数多い．観光中に地震や津波などの災害が起きたときの情報提供も重要である．また，GPS情報を取得できるのであれば，観光ルートを自動的に記録しておく．地点ごとに撮影した写真（動画）を電子地図に張りつければ観光のいい記念品になる．

　観光から家に帰ったら，取得した情報を整理する．紙の情報は場合によってはスキャンしてパソコンに読み込んでおく．同行者と写真（動画）を見て懐かしんだり，ブログに観光の記録を載せて友人に見せたりする．

　以上ざっと観光の一連の流れをさらってみたが，情報との関係が非常に深いことがわかっていただけたのではないかと思う．観光情報学によって観光の価値を向上させられる可能性は，さまざまなところに存在している．

1.4　観光情報学で対象とする研究の概観

　観光情報学は，さまざまな研究領域あるいは研究対象と関係している[1]-[3]．その一部を以下に挙げてみよう．なおこれらは関係する全部ではないことを断っておきたい．

・モバイルコンピューティング

　観光中に，スマートフォンや携帯電話で情報を収集したり発信したりする観光客が多くなっている．彼らに適切なアプリケーションを提供するためには，モバイルコンピューティングの技術が重要である．

・ユビキタスコンピューティング

　観光というのは現地を実際に移動して楽しむ行為なので，適切な情報を適切な場所で提供するためには，どこでもコンピュータが使えるユビキタスコンピューティングの考え方が有効と考えられる．

・エンタテインメントコンピューティング

　観光はエンタテインメントのコンテンツの一つである．情報処理技術によってエンタテインメントのコンテンツの価値を向上させることを目指す，エンタテインメントコンピューティングの一例も，観光情報学とみなすことができる．

・自然言語処理

　外国人観光客に対応するには外国語による情報の提供が大切であるが，日本は人手による外国語の対応が現実的には難しい状況にある（要するに日本人の多くは外国語が苦手ということである）．機械翻訳など自然言語処理の技術を使って対応することが強く期待される．

・オントロジー工学

　オントロジーはもともとは哲学の専門用語であるが，情報処理では概念や用語に関する明示的な仕様のことを指す．観光に関する用語を体系的に扱うために，オントロジー工学に基づいて整理することが重要である．

・スマートシティ

　スマートシティは経済，エネルギー，環境，交通，安全などを総合的に考慮して持続可能な住みやすい街を実現する試みであり，そこにおいて情報処理技術の果たす役割は大きいと考えられている．特に街の産業に観光が含まれている場合は，情報処理技術を用いていかに楽しい観光ができる街にできるのかが，スマー

トシティ実現の大きな鍵となると考えられる．

・サービス学

サービス学が，これまで製品やシステムという「モノ」に適用して成果を上げてきた方法論を，「コト」であるサービスに適用して成果を上げよう（いいサービスを提供する科学的な方法論を確立しよう）という学問領域であるとすれば，観光はサービスの典型例なので，観光を題材としてサービス学の研究を進めることに意義があると思われる．

・人工知能（認知科学）

特に生きるために必要ではない観光を積極的にする生物は，人間しか存在しない．ということは人間の持つ高度の知性と観光とは，何らかの関係があると想像される．「人間はなぜ観光をするのか」という問いに答えようという試みは，人間の知性の探求に結びつく可能性がある．

1.5 観光情報学の今後

これから観光と情報はますます関係が強くなっていくと思われる．違う言い方をすれば，観光の価値を高めるために情報処理技術は不可欠と言える．インバウンドを2020年に2000万人まで増やすという目標の達成のためには，観光情報学が大きな役割を果たさなければならない．

観光情報学はまだ歴史が浅いが，本書はその体系化への試みの一つである．また共通問題設定の試みも始まっている[4]．本書をきっかけにして多くの人々が観光情報学に興味を持って参入してくれることを願っている．

1章 章末問題

問題1 あなたが最近行った観光旅行について，
    1. 行った場所
    2. 移動ルート
    3. 食べたもの
    4. 見たもの
    5. 買ったもの
    6. 一緒に行った人
を思い出して書きなさい．

問題2 上記の観光旅行があなたにとってどのような意味があったのか書きなさい．

参考文献

[1] 松原 仁(編)：「観光と知能情報」特集，『人工知能学会誌』，Vol.26, No.3 (2011).
[2] 松原 仁, 中島秀之, 鈴木恵二編：『情報処理学会誌』特集「観光情報学」, vol.53, no.11, pp.1134-1209 (2012).
[3] 松原 仁(編)：『デジタルプラクティス』特集「観光を創る・磨く・鍛える」, vol.3, no.4 (2012).
[4] 松原 仁：観光情報学における共通問題設定の試み, 観光情報学会第9回研究発表会 (2014).

2章 情報化時代の観光行動

　1章でも述べたように，観光の形態はここ数年で大きく変化している．団体旅行から個人旅行への変化に加え，インターネットの普及がさらなる変化を後押しし，新たな情報サービスが次々と出現した．さらに，近年のスマートフォンなどのモバイル通信技術の発展と普及によって，今後もその形態は変化していくであろうと思われる．本章では，ここ数年の観光形態の変化を，観光行動と観光情報サービスという観点から改めて見ていくことにする．

2.1　観光行動の変遷

2.1.1　観光行動論

　我々が観光産業の現状について語るとき，観光地への入り込み客数や宿泊者数などの観光客の増減，平均的な滞在（宿泊）日数や消費金額，などといった統計的でマクロな振る舞いの観点からなされる場合が多い．しかしながら，そのマクロな振る舞いを決定しているのは，間違いなく個々の旅行者であり，それら旅行者の総体として観光産業の動態が得られる．個々の旅行者はまた，自身のモチベーション，時間的・金銭的制約を考慮しつつも，流行の観光地やアトラクション，食べ物，などの観光産業の動態から影響を受け，その結果，観光を行うことでさらに観光産業の動態に影響を与えている．このようにシステムの構成要素とその関係がシステムそのものに影響を与えて複雑な振る舞いを見せるシステムは複雑系（complex systems）と呼ばれ，このようなシステムを理解するには，個々の要素

のみならずそれらの相互作用を考慮しなければならないことが知られている[1]．観光産業は，その主体である旅行者を構成要素とする複雑系をなしているとみなすことができる．そのため，観光そのものの分析や理解には新しい方法論が必要である．そのような状況の中で観光を情報学の観点から捉えて分析しようとする試みは，新しい方法論の一つである．

世界的規模で観光旅行者が増加している背景には，旅行者の経済的・時間的余裕の増加といったものだけでなく，交通機関の発達・整備，観光に関する情報の充実，宿泊施設や観光スポットなどの整備や多様化，などさまざまな要因が考えられる．旅行者がなぜ観光をするか，といった問いは，古くから観光心理学などの分野で研究されてきており，特に，旅行者のモチベーションといった観点から説明しようとする試みがなされてきた．

旅行者のモチベーションは，Push要因（Push factor）とPull要因（Pull factor）からなる複合的概念として説明されている[2]．佐々木によれば，Push要因とは，数ある余暇活動の中から，特に観光行動に駆り立てる欲求などの心理的要因のことであり，旅行者内部に起因するものである．一方，Pull要因とは，観光旅行における具体的な目的地を選ばせる動機や理由となる心理的要因であり，目的地の魅力やイメージのことである[3]．

また，Pearceは，観光動機を体系化しようとする試みとして，TCL（Travel Career Ladder）と呼ばれる5段階モデルを提案している[4][5]．Williamsら，また，林らは，TCLはMaslowの欲求段階説に基づいており，旅行者の動機は，リラックス欲求，安全-刺激欲求，関係性欲求，自己発展欲求，自己実現欲求，のいずれかに位置づけられ，その段階のスタート階層や上下する過程は個人ごとに異なるとしている[6]-[8]．

このモチベーションという観点から行われている研究は多く，たとえば林は，観光旅行の実施頻度と心理的要因，社会経済的要因，対人的要因の関連について自己組織化マップ（SOM: Self-Organizing Map）を用いた分析を行った[9]．その結果，社会階層や世帯収入レベル，特に，高年層では学歴が観光行動の頻度と関連が深いことを示した一方，同居配偶者の不在や友人との会食頻度の低さが国内旅行の阻害要因になっている可能性を示している[10]．

このように旅行者のモチベーションから観光行動の分析と理解を行う試みはあるものの，先に述べた目的地の魅力やイメージによるPull要因に関する社会的環

境は，インターネットやスマートフォンの普及によって大きく変わりつつある．特に，観光地に関する情報収集の方法やそのスピードは，後に述べる近年のさまざまな情報サービスの出現によって劇的に変化した．こういった背景をもつ現在の観光においては，旅行者の動機づけを分析するために，従来のモデルに代わる新しいモデルが必要となってくるであろう．

2.1.2 従来の観光行動

本項では，旅行者の観光行動の変遷について具体的に見ていこう．1980年代から1990年代前半までは，旅行代理店が団体旅行客をターゲットとして，宿泊や交通，食事などの観光に関するサービスを総合的に扱うパッケージ商品が主流で，国内宿泊旅行者数はゆるやかに増加していた．すなわち，観光旅行を計画している旅行者は大手旅行代理店を訪れるしか方法がなかったとも言える状況であった．しかしながら，1991年のバブル崩壊以降には，国内旅行者数は頭打ちとなり，国内旅行における消費単価は年々下落する傾向となり[11]，この頃から国内旅行の形態が団体旅行から個人旅行にシフトしてきた．背景には，高速インターネット網の発展と一般家庭への普及や，後に述べるさまざまな情報サービスの出現がある．

団体旅行が主流だったときの観光における旅行者の行動を，例として見てみよう．観光旅行をしたいと思っている旅行者は，旅行代理店の店舗に出向き，各旅行会社が発行している旅行パンフレットなどをかき集め，予算や日程を考慮しながら目的地の選定を行う．それは，多くの場合，パンフレットの写真やツアーの内容，価格によって左右される．そして，ある観光旅行のパッケージツアーに申し込む．一般に，ツアーには航空券や鉄道の乗車券，移動のバス，食事などが含まれるため，旅行に関するチケットの手配や予約は一切必要がないのが特徴である．旅行代金の支払いが確認されると，旅行代理店からチケットやツアー案内が送られてくる．実際の観光旅行は近くの集合場所から開始され，添乗員が同行しながら各地の観光名所をめぐる．観光地の情報収集のために市販の観光ガイドブックを購入して持参する場合もあるが，多くの情報は添乗員やツアーの同行者から得られるため，必ずしも必要はない．

また，観光地間の移動についてはバスなどの交通機関が手配されており，下車した後の行動は添乗員が誘導してくれるため，旅行者は移動に関する心配が一切ないほか，地図などの持参も必要ない．このように旅行中は観光に関して至り

尽くせりの状況ではあるが，一方で旅行者の自由はあまりないとも言える．また，観光中には，フィルム現像型のカメラなどで写真撮影をするが，現像は旅行後に行うのが通例であるため，現像された写真を見てがっかりすることも多々ある．こうして，各観光地をめぐって解散場所で解散するまで，一部の自由時間を除いて添乗員やツアー同行者と旅行をともにする，というのが一般的であった．大手の旅行代理店は，このような団体旅行を多数企画して，多くの旅行者を同時に輸送し，同一の宿泊施設やレストラン，おみやげ屋に案内することで，鉄道会社や航空会社，バスなどの交通関連会社，宿泊施設やレストランなどの施設から，格安のサービス提供を受けることで利益を得ていた．

こういった観光行動の形態は以前のものであるとはいえ，現在の観光旅行を思い描いてみると随分異なることがわかるのではないだろうか．特に，観光の目的地を決めるプロセスは，観光地そのものの魅力から選択するというよりは，パッケージツアー全体の期待満足度やコストパフォーマンスという観点から選択することになる．そして，一旦参加するパック旅行を決めると，その後は旅行者の自由はほとんどなく，決められたスケジュール通りに観光をするのが通例であった．

その後，バブル崩壊による経済構造の変化と高速インターネット通信網の普及が組み合わさり，現在の観光における観光行動は大きく変化した．これについて，次項で上記の旅行形態と比較しながら見ていこう．

2.1.3 現在の観光行動と観光情報サービス

前述の観光行動が大きく変わった重要な要因の一つがインターネットの一般家庭への普及であることは，誰もが認めるであろう．先に述べたように，バブル崩壊以降の団体旅行から個人旅行への旅行形態の変化を後押しするかのような，観光に関する情報サービスが次々に生まれてきた．まずは，現在の典型的な観光旅行の様子を考えてみよう．

まず，観光旅行を思い立つ動機についての多様化が進んでいる．従来は，景観観賞やレジャーなどを目的とする主要な観光地の訪問が主流であったが，近年は，これらの目的に加えて，新たな観光の形が現れてきた．たとえば，1章でも紹介した，アニメやゲームの舞台，もしくは，映画やドラマの撮影場所を訪れる「聖地巡礼」などの観光は，近年，コンテンツツーリズムと呼ばれ，新たな観光振興の形として注目を浴びている[12][13]．また，9章で紹介する，宝探しゲームと観光を結び

つけたジオキャッシングなど，ゲーミフィケーションと観光を結びつけた試みも出現している[14]．さらには，医学的・科学的根拠に基づいた，健康回復や維持・増進につながる観光としてヘルスツーリズムなども注目されており，温泉などの宿泊施設と医療機関などが連携したツアーや，ウォーキング，森林浴，ダイエットなどを目的としたツアーのほか，薬膳料理を堪能するツアーなどもあり，全国各地から多くの参加者を呼んでいる[15][16]．

このように，観光動機だけを見ても，従来と比較して多様性をもつようになった．観光動機の多様性は，観光の目的そのものが多様性をもつことを意味するため，その後の情報収集や旅行計画の策定，実際の旅行における多様性にそのままつながることになる．ここでは，従来型の景観鑑賞目的などの典型的な観光旅行を計画している旅行者を想定し，従来との比較を意識してその行動を見てみよう．

観光旅行を思い立った旅行者は，まずは候補となる観光地の情報をさまざまなウェブサイトを使って収集する．各地の観光振興課や観光事業者が開設している観光情報サイトはもちろんのこと，ときには，その観光地の旅行者によるブログを読んだり，TripAdvisor（以下，トリップアドバイザー）などの口コミサイトなどを参考にしたり，FacebookやTwitterなどのソーシャル・ネットワーキング・サービス（Social Networking Service，以下，SNS）によるコミュニケーションを通して，目的地の選定を行う．目的地が決まったら，飛行機や鉄道などの交通手段を確保するため，航空会社や鉄道会社などの予約サイトにアクセスすると，直接予約することができる．また，クレジットカードなどによる支払いによって購入も可能である．

また，旅行計画全体について，事前に決めておくこともできるが，情報サービスの普及により，観光旅行中における計画の変更が容易になったことから，現地に行ってから計画を決める場合もある．Tripomatic s.r.o. が運営するTripomaticや（株）富士通システムズ・イーストのWebルートガイドのように，訪れたい場所や観光アクティビティを指定し，それらを巡る効率的なプランを提示してくれるサービスなどを利用する場合もある．

主な目的地と交通手段を確保したあとは，宿泊先の手配である．楽天トラベルやじゃらんnet，一休.comなどの大手宿泊予約サイトから，自分の好みにあった宿泊先を家にいながらにして予約できる．また，食べログやぐるなび，ホットペッ

パーグルメなどの飲食店専門の検索サイトを利用して，行きたいレストランの検索や予約も可能である．このように，観光インフラとして挙げられる顎（飲食），足（交通），枕（宿泊），場（観光地）の情報収集や手配は，もはや旅行前に，旅行者自らが，家にいながらにしてできるのである[17]．これらを可能にする観光情報サービスは，ほとんど高速インターネット通信網の普及によるものといってよい．

　上記のような旅行の事前準備は，従来の旅行代理店によるパッケージツアーとまったく異なることがわかる．そもそも観光地の情報がパッケージツアーのパンフレットや観光ガイドブックのみからしか得られなかったことと比較して，現在は，インターネットを介して観光地の情報収集が可能となったこと，交通機関のチケットや宿泊施設についての予約サイトが普及したこと，などによって，情報収集の手段もより多様性をもつようになった．

　目的地に関する情報収集をした後，旅行に出たあとも利用できる情報サービスに頼ることとなる．個人旅行では，旅行先で電車やバス，徒歩などの交通手段によって各自が移動する必要があるため，スマートフォンなどのモバイル端末を利用して，Google Mapsなどのアプリケーションによる目的地検索や移動ルートの検索を行う．電車の乗り継ぎには駅すぱあと，乗換案内などのアプリケーションも利用可能であるため，所要時間の見積もりも容易である．また，移動中もGPS（Global Positioning System）機能つきのスマートフォンで現在位置を把握できるため，道に迷うことはほとんどない．観光地や移動中に観光名所があれば，すぐにスマートフォンでの撮影もできる．撮影した写真はその場で確認ができるため，旅行後にがっかりすることもない．もちろん，FacebookやTwitterへのリアルタイム投稿も可能なのである．旅行後は，旅行中に撮影した写真などをFlickrなどの画像共有サイトへ投稿したり，自身のブログ（ウェブログ）などで写真つきの旅行記などをアップしたりすることで，別な旅行者にとって有益となる情報を提供することも可能となった．

　このように，個人旅行が主流となった現在，パソコンやスマートフォンなどのモバイル端末をインフラとした観光に関する情報サービスは，非常に重要なものとなっている．若者の世代を中心として，スマートフォンの普及も急速に進んでいることから，これらの情報サービスの重要性は今後ますます増加することは容易に想像がつく．

2.2 旅行前の観光行動と情報サービス

本節では，観光に出かける前の観光行動について利用される情報サービスについて，それぞれ簡単に紹介するとともに，観光情報学の観点からの課題などについても触れる．

2.2.1 口コミサイト

観光の分野に限らず，インターネットの普及に伴って，家にいながらにしてさまざまな情報を手に入れることが容易になった．特に口コミサイトは有力な情報源となりつつある．

TripAdvisor,Inc.は，2000年2月にStephen Kaufer, Langley Steinertと他数名によって設立された米国マサチューセッツ州ニュートンに本社をおく会社で，トリップアドバイザーという世界最大の口コミサイトを運営している．2014年10月現在，月間2億6千万以上のユニークユーザ数をもち，370万軒以上の宿泊施設，レストランおよび観光名所等に対し1億5千万件以上の口コミ数を誇り，世界38か国でサイトを展開している．このサイトの特徴は，宿泊施設だけでなく，レストラン，観光名所などへの口コミがあることであり，ユーザによる評価も得られるため，旅行者にとって有益な情報が得られることである．また，航空券，宿泊施設，レストランの予約サイトへのリンクが張られているため，このサイトから旅行計画を立てて一元的に予約まで行うことが可能である．

同じ口コミサイトでありながら，飲食店に特化した食べログは，(株)カカクコムが運営しており，全国約77万件の飲食店情報を掲載し，ユーザからの情報に基づき5段階の採点結果を公表するとともに，口コミ情報も提供している[19]．食べログは，採点や口コミの信頼性を向上するためにユーザの信頼度を加味した独自の採点方法を用いている．また，ランキングなどの情報を有料のプレミアム会員に提供するビジネスモデルを採用している．

このほか，(株)ぐるなびが運営するぐるなび，および，(株)リクルートライフスタイルが運営するホットペッパーグルメも，食べログと同じく飲食店の情報を提供するサイトである．こちらは，加盟店舗からの課金により運営しており，ユーザの評価による採点掲載などは行わず，店舗の魅力などの口コミを促している[20][21]．

これらの口コミサイトを運営するには,店舗の誹謗中傷などの書き込みを防止したり,不当な評価を排除したりするための仕組みが必須となる.ユーザの信頼性をどう評価するか,誹謗中傷の書き込みを自動で検出できるか,といった課題は,観光情報学が取り扱う課題の一つである.

2.2.2 交通機関の予約

旅行代理店のパッケージ旅行が主流の団体旅行から個人旅行への流れを牽引したものに,大手航空会社の航空券予約システムがある.1990年代半ばから,大手航空会社は独自のウェブサイトを開設し,情報サービスの提供を開始した.その後,観光旅行の交通手段として非常に大きな位置づけである航空券を,旅行代理店のパッケージ旅行から分離して予約・販売するようになった.大手航空会社は,日本では馴染みの薄かったクレジットカードを使った決済を導入し,格安の航空券を独自に販売する手段を得たことにより,個人旅行客の獲得が可能となった.旅行代理店への依存は徐々に減り,独自の販路を得ることに成功した例と言える.旅行者にとって,観光の主要交通手段である航空券を事前に家にいながらにして確保できることになったことは,個人旅行へと変化していくきっかけになったと言えなくもない.

一方,鉄道やバスなどは,新幹線や一部の特急のチケット販売を除き,チケット予約販売システムは航空券と比較して遅れていると言わざるをえない.電車やバスは,飛行機と比較して運行本数が多く,近距離で低額の乗車も含まれるため,事前に乗車する時間を決定しておく習慣がなじまないことが大きいと考えられる.また,ICカードによる改札を導入したことで,クレジットカードなどによる事前決済への移行が進まなかったこともある.

2.2.3 宿泊予約サイト

航空券予約システムが多くの個人旅行客の獲得に成功したことと比較して,宿泊施設側は大きな遅れをとった.山本らは,宿泊施設を取り巻く情報化の背景についてまとめている[22].そこでは,(1)旅行代理店を通して多くの部屋を販売していた宿泊施設は,旅行代理店への依存関係を解消できなかった,(2)独自のウェブサイトを運営するための技術や資金がないため,独自の販路を確保できなかった,(3)インターネットの普及によってマイトリップ・ネット(株)が運営する宿

泊施設予約サイトである旅の窓口(現在,楽天(株)が運営する楽天トラベルに統合)が出現し,より安価な手数料で部屋を販売できるようになった,ことを遅れの要因として挙げている[23].

このような背景から,宿泊施設は旅行代理店との関係を維持しつつ,より安価な手数料の旅の窓口への依存を強めていくことになった.さらに,航空会社が独自に航空券を販売することになり,個人旅行者が独自に宿泊施設も手配しなければならない状況となったことが,旅の窓口(楽天トラベル)の爆発的な躍進につながった.また,宿泊施設では,事前決済の習慣がなかったことも,独自の予約システムの普及が遅れた理由であろう.ただし近年では,独自のウェブサイトで予約ができ,最低価格保証などをうたう宿泊施設も増えてきている.しかしながら,旅行客にとっては,ある観光地へ行く際に,いくつかの宿泊施設を比較して選びたいと思うのは当然であり,楽天トラベルをはじめとするポータルサイト的な宿泊施設予約システムが主流となるのは必然とも考えられる.(株)一休が運営する一休.comや,(株)リクルートライフスタイルが運営するじゃらんnetも,楽天トラベルと同様の宿泊予約サイトである[24][25].

はじめてその観光地を訪れる旅行者にとっては,宿泊施設の情報は一方的に宿泊施設側や予約サイト側からしか得られないため,旅行者と施設側で経済学者のAkerlofが主張した情報の非対称性が成り立つ状況である[26].このため,山本らは,宿泊施設側が適切な情報を公開しないと旅行者の満足のいく市場が形成できないため,宿泊施設の自己評価と情報開示が必要であると述べている[22].海外では古くから存在するホテルの格付けのような仕組みを我が国にも導入するという課題は,今後の大きなテーマの一つとなるであろう.

2.2.4 旅行計画作成サービス

事前に旅行計画を作成するサービスも提供されている.倉田らは,旅行者の嗜好や歩行速度のほか,曜日や観光時間などを考慮した観光のモデルルートを対話的に作成できる,CT-Plannerと呼ばれるGoogle Mapsの機能を用いたツールを開発し,ウェブサービスとして公開している[27].また,Tripomatic s.r.o.が運営するTripomaticや(株)富士通システムズ・イーストが運営するWebルートガイドは,主要な観光地において,立ち寄る観光スポットや店などを指定することで,最適なルートを生成してくれるサービスである[28][29].

これらのサービスでは，制約充足問題や最短経路問題といった情報科学における基本的な問題を内部で解く必要があるほか，季節や時間で価値が異なる観光スポットなどの情報をいかにデータベースとして保存し，必要に応じて高速に検索することができるかが大きな課題である．また，旅行者であるユーザの嗜好や要求を，どのような形で負担なく入力するかも課題の一つである．

2.3 観光旅行中の観光行動

　前節では，観光旅行に出かける前に利用する情報サービスについて述べた．それらは，自宅などでインターネット接続されたパソコンなどの情報機器を利用できることを前提としていた．本節では，主に観光旅行中に利用する情報サービスについて見ていくことにする．旅行中はスマートフォンを用いてインターネットを利用できる状況を想定する．

2.3.1 位置情報サービス

　観光旅行の際に重要なツールの一つは，昔も今も地図であろう．以前は，ホテルなどで観光地周辺の地図を入手したり，ガイドブックを持参したりしていたが，現在，GPS機能を搭載したスマートフォンの地図アプリケーションが取って代わろうとしている．Google Mapsなどのアプリケーションでは，自身の現在位置を地図上に表示できるだけでなく，目的地までの移動経路や移動時間の見積もりなども表示され，観光地間の移動をサポートする強力なツールとなっている[30]．位置情報サービスの詳細については，3章で紹介する．

2.3.2 SNS

　観光旅行中に魅力的な観光地や美味しい食べものに出会ったときには，デジタルカメラやスマートフォンに搭載しているカメラなで写真を撮って，SNSに記事とともにアップロードして友人と共有することも多くなっている．

　Facebookは，Facebook,Inc.が提供する世界最大のSNSであり，2014年3月の平均で1日にアクセスするユーザ数DAUs（Daily active users）は，8億200万ユーザと報告されている[31]．Facebookでは，実名主義に基づき，相互に承認し

あった友人同士，または，一般ユーザへ公開する記事を自由に投稿でき，気に入った記事には「いいね！」ボタンを押すことで反応することができる．実名主義による誹謗中傷記事の回避と，その手軽さから，我が国においても利用者を爆発的に増加させており，観光旅行中に訪れた場所の情報をアップロードして公開しているケースが多く見られる．

一方，Twitter,Inc. によって提供されているSNSであるTwitterは，1回の投稿が140文字以内という短い文章を気軽にアップロードできることから，若い世代を中心に爆発的に普及したサービスである[32]．テキストのみならず，画像などもアップロードでき，旅行者が旅行中のできごとや心境について投稿している．Twitterは相手の承諾なしにフォローすることで，そのユーザの発言を自身のタイムラインと呼ばれる画面で簡単に閲覧できるようになる．そのため，多くのフォロワーをもつユーザの発言は影響力が大きいと言える．

これらのSNSを用いた観光に関する情報発信や情報共有の方法は，地方自治体や任意団体などによってさまざまな試みがされているが，今後，観光情報学が扱うべき重要なテーマの一つである．

2.4 観光旅行後の観光行動

本節では，観光旅行後の観光行動において利用する情報サービスについて紹介する．

2.4.1 写真共有サービス

観光旅行後に観光を思い出すのに最も一般的なのは，旅行中に撮影した写真や動画を見ることである．従来は，フィルム現像型のカメラで撮った写真を現像し，アルバムなどに入れて保存し，必要に応じて閲覧するのが普通であった．現在では，Flickrなどの写真共有サービスを用いると，写真を簡単にアップロードして友人と共有することが可能であり，コメントなどの入力もできる[33]．倉田らは，Flickrに投稿された膨大な写真の位置情報を用いて地図上にヒートマップとして可視化することにより，見どころとなる観光地を地図上に表示するツールを開発している[34]．

2.4.2 ブログ

写真などと同様に，旅行記をつけることも旅行の思い出を呼び起こす方法である．ブログ（ウェブログ）などのサービスを利用することで旅行記を簡単に作成し公開することで，観光情報を他の旅行者と共有することが可能である．

ただし，ブログに投稿された記事は観光旅行に限らないものも多数存在するため，大量に存在するブログサイトから観光情報のみを効率的に抽出する手法を開発することも，観光情報学の主要なテーマである．

2.5 観光行動に関する情報サービスの今後

本章で紹介した情報サービスは広く普及しているものばかりで，ほぼ無料で利用できることから，実際の観光旅行に際して利用されている情報サービスであると言える．改めて見てみると，インターネットが普及していなかった頃と比べて，観光行動そのものが大きく変化してきたことがわかる．しかし，現在のサービスは，果たして成熟したものと言えるであろうか．前述の観光情報サービスは，団体旅行が主流だった従来の旅行形態と比較すると，著しい進歩のように思える．ただし，たとえば，航空券や鉄道の予約サイトは何も観光を目的とする利用者のみを対象としているわけではないし，宿泊施設の予約にしても，口コミサイトやGoogle Mapsなどの地図情報サービスも，本来は旅行者以外の利用者を対象としたサービスである．そのため，観光名所との位置関係を考慮した宿泊施設の検索や，景観などを考慮した観光（移動）ルートの検索といったサービスは，まだまだ未熟であると言ってよい．したがって，季節や時間帯，曜日や天候などにより観光スポットの価値が変わるような状況において，適切な観光情報をあらかじめ収集しておき，必要に応じて提供するといった，観光を総合的にサポートする新しい情報サービスの創出が，今後必要になると思われる．

2章 章末問題

問題1 観光行動のモチベーションにおけるPush要因とPull要因を具体的に挙げてみよ．

問題2 観光に関する情報サービスについて，本章で取り上げなかったものについて二つ挙げ，その特徴と役割について調べなさい．

・・

参考文献

［1］伊庭 崇, 福原義久：『複雑系入門』, NTT出版 (1998).
［2］J. L. Crompton: Motivations for pleasure vacation, *Annals of Tourism Research*, Volume 6, Issue 4, pp.408–424 (1979).
［3］佐々木土師二：『観光旅行の心理学』, 北大路書房 (2007).
［4］P. L. Pearce: *The Ulysses Factor: Evaluating Visitors in Tourist Settings*, Springer New York (1988).
［5］P. L. Pearce: *Tourist Behaviour: Themes and Conceptual Schemes*, Channel View (2005).
［6］J. A. Williams, K. R. McNeil: A modified travel career ladder model for understanding academic travel behaviors, *Journal of Behavioral Studies in Business*, Vol.4 (2011).
［7］林 幸史, 藤原武弘：訪問地域, 旅行形態, 年令別にみた日本人海外旅行者の観光動機, 『実験社会心理学研究』, 第48巻, 第1号, pp.17-31 (2008).
［8］A. Maslow: *Motivation and Personality* (2nd edition), New York: Harper and Row (1970).
［9］T. Kohonen: *Self-Organizing Maps*, Springer Series in Information Sciences, Vol.30, Springer (1995).
　徳高平蔵, 岸田 悟, 藤村喜久郎 (訳)：『自己組織化マップ』, シュプリンガー・フェアラーク東京 (1996).
［10］林 幸史：観光行動の促進要因と阻害要因—JGSS-2010のデータを用いて, 『日本版総合的社会調査共同研究拠点研究論文集』［11］, JGSS Research Series No.8 (2011).
［11］（社）日本旅行業協会発行, 更なる国内旅行振興にむけて—新時代の旅行業の役割—. 記事 (2004).
［12］岡本 健：解説：観光・地域デザイン2.0と観光情報学—アニメ聖地巡礼から観光の新たなあり方を考える, 『観光と情報』, 第8巻, 第1号, pp.15-26 (2012).
［13］木村めぐみ：ロケ地マップの機能と役割〜日本おけるロケ地マップ発行の意義と可能性, 『観光と情報』, 第7巻, 第1号, pp.61-70 (2011).

[14] 倉田陽平：ジオキャッシング：無名の人々がゲームを通して発掘・拡張する観光価値，『観光と情報』，Vol.8, pp.7-14（2012）．
[15] NPO法人ヘルスツーリズム振興機構．http://www.npo-healthtourism.or.jp/ index.html（2015年3月31日現在）
[16] ヘルスツーリズム研究所．http://www.jtb.co.jp/healthtourism/（2015年3月31日現在）
[17] 岡本伸之（編）：『観光学入門—ポスト・マス・ツーリズムの観光学—』，有斐閣アルマ（2001）．
[18] トリップアドバイザー．http://www.tripadvisor.jp/（2015年3月31日現在）
[19] 食べログ．http://tabelog.com/（2015年3月31日現在）
[20] ぐるなび．http://www.gnavi.co.jp/（2015年3月31日現在）
[21] ホットペッパーグルメ．http://www.hotpepper.jp/index.html（2015年3月31日現在）
[22] 山本雅人，大内 東：宿泊施設の分類システムと自己評価，『人工知能学会誌』特集「観光と知能情報」，第26巻，第3号，pp.272-279（2011）．
[23] 楽天トラベル．http://travel.rakuten.co.jp/（2015年3月31日現在）
[24] 一休．com．http://www.ikyu.com/（2015年3月31日現在）
[25] じゃらんnet．http://www.jalan.net/（2015年3月31日現在）
[26] G. A. Akerlof: The Market for "Lemons": Quality Uncertainty and the Market Mechanism, *Quarterly Journal of Economics*, Vol.84, pp.488-500（1980）．
[27] Y. Kurata, and T. Hara: CT-Planner4: Toward a More User-Friendly Interactive Day-Tour Planner, ENTER 2014（Information and Communication Technologies in Tourism 2014），pp.73-86（2014）．
[28] Tripomatic．http://www.tripomatic.com/（2015年3月31日現在）
[29] Webルートガイド．http://routeguide.jp/modules/spot/index.php?page= my_route_guide（2015年3月31日現在）
[30] Google Maps．https://www.google.co.jp/maps（2015年3月31日現在）
[31] Facebook．https://www.facebook.com/（2015年3月31日現在）
[32] Twitter．https://twitter.com/（2015年3月31日現在）
[33] Flickr．https://www.flickr.com/（2015年3月31日現在）
[34] 倉田陽平：観光ポテンシャルマップ作成のための写真共有サイト投稿写真の自動選別，『観光情報学会第6回研究発表会講演論文集』，pp.67-72（2012）．

3章 位置情報サービスと観光

　現代社会は，情報通信技術（ICT: Information and Communication Technology）の急速な発展により，従来では想像もできなかった新たなサービスが生み出される可能性に満ちている．地球全体をカバーする人工衛星は，地上の人間や自動車などの移動体を捕捉し，位置情報として示すことができるようになった．また，紙に描いていた地図は，デジタル情報として処理することが可能になり，モバイル端末上の電子地図と結びついたサービスを実現できるようになった．

　ICTの発展は，観光分野においても大きな影響を与えている．従来，宿泊などの手配は旅行会社に依頼していたが，今ではインターネット上の情報を探し，自分で宿泊予約を行ったり，旅行先でスマートフォンなどのモバイル端末を用いて観光に必要な情報を得ることができるようになった．また，観光サービスを提供する側でも，ICTを活用した新たなサービスを考案し，より魅力的な観光の実現を模索している．

　本章では，以上のような視点に基づき，まず，3.1節で位置情報サービスの概要を述べ，3.2節で位置情報の取得やサービスを提供するために必要な要素技術について概説する．3.3節では，位置情報を用いた観光サービスへの応用事例を紹介する．

3.1　位置情報サービスの概要

3.1.1　位置情報サービスとは

　位置情報サービス（LBS: Location-Based Service）とは，「利用者の位置（場所）を踏まえて，モバイル端末を介して情報をやり取りするサービス」[1]と言うこと

ができる．位置情報サービスを実現するには，情報通信網や位置情報を取得するためのハードウェア技術，電子地図上に利用者が必要とするコンテンツを表示するためのソフトウェアなどが必要となる（図3.1）．

現在，ハードウェアとして用いられているモバイル機器は，スマートフォンと呼ばれる多機能携帯電話や，画面サイズが10インチや7インチのタブレットと呼ばれるモバイル端末（タブレットコンピュータ）である．また，モバイル端末を用いてLBSに必要となる情報をやり取りするためには，携帯電話網やインターネットといった通信網が不可欠である．

位置情報を取得する測位技術としては，地球全体をカバーしている人工衛星を用いる方法や，広域で利用可能な無線LANを用いる方法，短い距離で利用可能なRFID（Radio Frequency Identification）などがある．また，LBSはサービス享受者（利用者）の位置情報を活用するサービスであるため，端末の画面上に地図を表示させ，その上にコンテンツを描画する仕組みが必要となる．この仕組みは，モバイルGIS（Geographic Information System）と呼ばれ，使用される基本地図（ベー

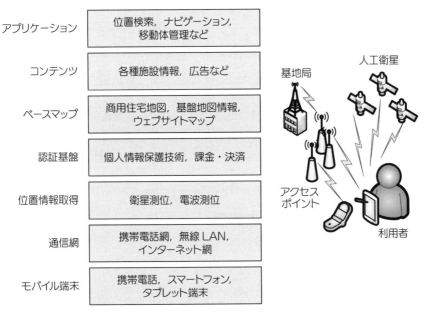

図3.1 位置情報サービスの構成レイヤー

スマップ)としては,商用住宅地図やウェブサイト上のデジタルマップなどがある.

　位置情報サービスで提供されるコンテンツとしては,観光分野であれば,たとえば観光地の有名な施設に関する情報や,交通や天気に関する情報などがある.また,利用するコンテンツの種類によっては,利用料金を支払う場面が考えられるが,その場合は,課金・決済処理を行うための認証基盤(個人情報を保護する技術を含む)が必要となる.

　モバイル端末を用いた観光案内システムやナビゲーションなどの位置情報サービスは,これらの要素技術で構成されており,今後,位置情報取得技術のさらなる発展により,より便利で快適な位置情報サービスの提供が期待される.

3.1.2　位置情報を活用したサービスの種類

　サービスを利用するユーザの位置情報を活用したLBSには,大別して二つの種類があると言われている[2][3].一つは,自己の位置情報を活用するタイプで,実用システムやモバイルアプリケーションとして利用されているサービスである.もう一つは,他者(第三者)の位置情報を用いたタイプのサービスである(表3.1).

　現在,自己の位置情報を活用するタイプとして平常時に利用しているLBSは,ユーザの現在位置をもとに周辺の情報を検索するスマートフォン用アプリケーションや,車に搭載されているカーナビゲーション(図3.2),米国のfoursquareといったサービスに代表されるような現在位置情報をもとに利用者同士がコミュニケーションできる位置情報SNS(Social Networking Service)(図3.3),観光分野への応用で注目されている位置情報ゲームなどがある.

　日本国内における代表的な位置情報ゲームとしては,「コロニーな生活☆

表3.1　位置情報サービスの事例

	自己の位置情報を活用	他者(第三者)の位置情報を活用
平常時	・現在位置検索,エリア情報検索 ・ナビゲーションシステム ・位置情報SNS,位置情報ゲーム	・車両運行管理システム ・農業機械の自動制御 ・ファミリーケア(見守り)
緊急時・災害時	・緊急時の自己位置通知 ・周辺にある避難所などの検索	・人命救助のための第三者位置把握 ・通行実績情報マップ

図3.2 カーナビゲーション　　　　図3.3 位置情報SNSサイトの例

PLUS」(略称：コロプラ)がある．コロプラは，現実世界での移動距離に応じて仮想通貨が入手でき，それによってコロニー(自分の街)を繁栄させていくモバイル型のゲームである[4]．近年，このゲームと連携した観光ツアーなどが企画され，観光地との連携による相乗効果が発揮されている[5]．

また，平常時に他者の位置情報を利用するタイプとしては，タクシーの現在位置を把握し，スムーズな配車を支援する車両管理システムや子供や高齢者の見守りを行うファミリーケアのためのLBSが開発されている．

一方，今後，さらなる普及が期待される位置情報サービスとしては，緊急時における自己位置通知による支援や災害時における避難行動を支援するシステムへの適用がある．緊急時における自己の位置情報を活用したタイプとしては，2007年4月1日より「119番緊急通報に係る位置情報通知システム」の運用が，順次開始されており，2012年4月1日現在で，全国546箇所の消防本部で導入(または導入予定)されている[6][7]．

また，災害時における他者の位置情報を利用するタイプの事例としては，平成23年(2011年)の東北地方太平洋沖地震(Mw9.0)に伴う東日本大震災の際，自動車の走行軌跡データを用いた「通れた道路マップ」が官民連携により提供され，被災地への支援に大きな効果を発揮した[8]．

以上のように，今後は，平常時のLBSに加え，危機管理(クライシス・マネジメント)としての位置情報の活用が重要と考えられる．

3.2 位置情報サービスを実現するための要素技術

位置情報サービスを提供するためには，位置情報を取得することが最も重要となる．そこで，本節では，これまで開発されてきた測位技術のうち，人工衛星や無線技術をもとにした位置情報取得方法を説明する．また，位置情報サービスを提供するプラットフォームとなるモバイル端末の概要を述べる．

3.2.1 衛星測位

人工衛星を使った測位システムは，全世界的航法衛星システム（GNSS: Global Navigation Satellite Systems）と呼ばれ，衛星から送信される軌道情報と時刻情報を受信して，地球上における移動体（受信機）の空間位置を計算することができる．GNSSのうち，米国が打ち上げた衛星を用いて測位するシステムをGPS（Global Positioning System）と呼ぶ．

GPSは，地上約20200km上空に配置された24機の衛星と地上施設で構成されている（図3.4）．位置計算は，4機の衛星からのデータを用いて行っており[6]，現在市販されているGPS受信機（図3.5）では，10〜20mの精度で測位可能とされている[9]．他のGNSSとしては，欧州のGalileoやロシアのGLONASSなどがある．

日本では，準天頂衛星システム（QZSS: Quasi-Zenith Satellite System）の計画が進められている．準天頂衛星は「みちびき」という名称で呼ばれ，GPSを補完す

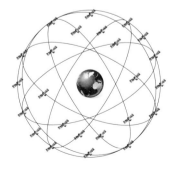

図3.4 GPS衛星のイメージ

図3.5 GPS受信機

ることで, 日本付近での測位精度の向上を目指している. 2010年9月11日に打ち上げられた初号機「みちびき」は, 2012年3月現在, 技術実証・利用実証実験を実施中である. 今後, 準天頂衛星の数を増やし, 日本上空で常に3機の衛星を補足できれば, より高精度 (数cm～1m程度) で測位することが可能になるとされており[10], これにより新たな位置情報サービスの展開が期待されている.

一方, 衛星測位機能が携帯電話に搭載されはじめたのは, 2000年頃からである. 最近の携帯電話やスマートフォンに内蔵されている位置情報取得技術には, 端末内のGPSチップが単独で利用可能な測位衛星を捉えて測位する「自立測位方式」や, 携帯電話網の基地局から端末が必要とするデータの配信を受けて位置情報を決める「A-GPS (Assisted GPS) 測位方式」などがある[11][12].

現在のモバイル端末においては, 測位衛星のみを用いた自立測位方式の場合, 測位に時間を要することや端末の電力消費に与える影響が大きいことから, 携帯電話の基地局に衛星測位のために必要な情報をあらかじめ付与し, 測位時間の短縮を図るA-GPS測位方式が標準的に使用されている[13]. ただし, 携帯電話網の圏外の場合は, GPSチップのみの自立測位などの方式により位置情報を取得できるようになっており, これらの測位方式の切り替えは, ユーザが端末の設定項目で選択可能である.

3.2.2 屋内測位

建物内などの屋内でモバイル端末の位置情報を取得する測位としては, 無線LANを使う方法がある. 測位方式としては, まず, 無線LAN基地局 (AP: Access Point) を用いる「AP検知方式」がある. 仕組みとしては, 「設置位置が既知のAPを携帯端末の無線LAN受信機が検出することで携帯端末の位置を取得する」方式[14]である. 測位精度は, 数m～100m程度とされている. また, モバイル端末と複数のAP間で, その距離を測定して位置を取得する「基地局間距離測定方式」がある. 測位精度は5～10m程度と比較的高いが, あらかじめ位置がわかっている箇所に測位のための専用APを設置する必要がある. さらに, 「電界強度測定方式」と呼ばれる電界強度地図を用いる方式がある. 電界強度地図とは, APからの電波の強さを測定し, 地図情報として表したものである. モバイル端末が観測した電波強度をこの地図に照らし合わせることで位置を求める方式である. この方式においても, 測位精度は5～10m程度で, 無線LANを用いる方式では5m以下

の測位精度を得るのは難しいとされている[14].

　以上のような無線LANの基地局を用いる方式では特定のプロバイダーが管理している基地局を用いるが,不特定に設置された無線LANのAPを用いる「Place Engine」という位置情報システムがある[15].この方式は,Wi-Fi(Wireless Fidelity)のAPの位置を特定するためのデータベース構築を利用者アクセスから得られる情報によって進化させようとする「実世界集合知」の考え方を適用した,先進的な位置取得プラットフォームである[16].

　現在注目されている室内測位技術は,IMES(Indoor MEssaging System,アイメス)である[17].IMESは,GPSと同等の電波信号を用いており,既存のGPS受信機のフォームウェア改修のみで利用が可能であるというメリットがある.この方式により,GPS受信機内蔵のモバイル端末であれば,屋外と屋内のシームレスな位置情報取得が可能になる.ただし,IMS専用送信装置を建物内部や地下街に設置する労力,また設置後のメンテナンスにかかる費用負担という運用面の課題がある.

　2011年には,このIMES方式の測位技術と準天頂衛星「みちびき」の信号を受信する機器を用いて,モバイル端末に観光案内情報を配信する社会実験が,北海道網走市にある「博物館網走監獄」において行われた[18].今後,これらの測位技術やアプリケーションの開発が進めば,屋内と屋内の位置情報を高精度で取得することが可能になり,大規模な観光施設の建物内部などにおいても,より詳細なナビゲーションを行うことができるであろう.

3.2.3　2次元コード

　2次元コードとは,従来の横方向のみのバーコードに対して,縦横の2次元配列の表現を用いることでより多くの情報を格納できる表示方式のことを言う[19].代表的な2次元コードとしては,マトリックス型のQRコード(Quick Response code)が知られている(図3.6).QRコードは,1994年に(株)日本電装(現(株)デンソーウェーブ)によって開発され,その後小さなスペースにも印刷可能なマイクロQRコードなどが開発されるなど,現在,世界的に利用されている[20].

　携帯電話やスマートフォンにはQRコードを読み込む機能やアプリケーションがあり,これを用いればウェブサイトのURLを直接入力することなく容易に必要とする情報へアクセスすることができる.そのため,各種ポスターや観光パン

図3.6 QRコードの例（東京メトロ（銀座付近））

プレットなどに印刷され，情報を必要とするユーザに活用されている．

たとえば高松市では，マンホールの蓋の絵柄にQRコードを刷り込み，それをユーザの携帯端末で読み取ることにより，市内の観光スポットや地元の名物を紹介するサイトに誘導する取組みを行っている[21]．また，地域貢献を目的として，QRコードを用いたスタンプラリーの取組み[22]や，災害発生時における位置情報取得システムとして，行政が行う被災者支援の業務を高速化することを目的とした利用事例[23]もある．

QRコードを用いた位置情報サービスへの新たな応用として，国土地理院では，位置情報点の設置を進める動きがある．この位置情報点は，場所を一意に識別するため番号である場所情報コードが記録されたQRコードなどの標識として表される点で，位置に関する情報を読み取ることができる[24]．これを空間的に設置することで，近くの観光スポットまでの詳細な経路を案内できるシステム構築などといった新たな位置情報サービスの展開を目指そうとするものである．今後，新たな位置情報基盤として整備が進み，いつでも，どこでも，簡単に位置情報を入手し，便利なサービスを享受できる社会の実現が期待されている．

3.2.4 RFID

室内で位置情報を取得する場合，無線LANを使う方式のほかに，RFIDを用いる方法がある．RFIDとは，JIS X0500（データキャリア用語）によれば，「誘導電磁界または電波によって，非接触で半導体メモリのデータを読み出し，書き込みのための近距離通信を行うものの総称」と定義されている[25]．RFIDの媒体は，カード状またはタグ状のもので，媒体に内蔵された半導体チップ（ICチップ）に対し

て，データを自動的に記録または読み出しを行うことができる．日本国内では，RFIDをICタグ，電波タグ，無線タグなどと呼ぶ場合もある．

RFIDタグ（ICタグ）の構造は，ICチップとそれを取り巻くアンテナから構成されており，読み取り機器（リーダー／ライター）のアンテナから電波を発生させ，これをRFIDタグのアンテナで受け取り，この電波から電流を取り出してICチップを動作させている．また，RFIDタグには，大きく分けて，パッシブ方式とアクティブ方式の2種類がある．パッシブ方式は，タグに電池を内蔵せず，リーダーから電磁誘導やマイクロ波によって，タグに電源を供給する．一方，アクティブ方式は，電池を内蔵し，タグ自身が微弱電波などで識別子を発信している．そのため，アクティブ方式のRFIDタグは，通信距離が数m程度と比較的長いが，電池が消耗した場合は交換する必要があるため，実際に現場でこの方式を採用する場合は運用管理上の課題が生じる可能性もある[26]．

RFIDの特徴は，2次元コードに比較して，多くの情報を記録できることや経年劣化などに強いことが挙げられる．また，ICタグを用いて，現実世界とデジタル情報を一対一で結びつけ，モノや人を識別したり管理できることも利点である．

RFIDの代表的な活用例としては，交通系会社の乗車カード（たとえば，「Suica」や「PASMO」など）といった非接触ICカードとして実用化されているものがある（図3.7）．また，RFIDタグには，一つ一つにID番号を割り振ることが可能であるため，食品の生産・加工・流通・販売に至るまでの流通を管理するトレーサビリティのための製品識別認識に用いられるケースもある[27]．

RFIDを用いた位置情報サービスとしては，博物館や美術館などの館内にRFID

図3.7 非接触ICカードの例

タグを設置し，適切な場所で自動的に案内や展示品の解説を表示するようなサービスシステムが考えられる．パッシブ方式であれば，展示品の前にRFIDタグを設置し，観覧者が設置されているRFIDタグに読み取り用のモバイル端末をかざすことで，展示品などに関する情報を得ることができる．この際，観覧者の現在位置を把握し，次の展示順路を端末の画面上に表示するようなサービスも可能となるであろう．

また，アクティブ方式であれば，特定のスポット範囲内に観覧者が近づいた際に，観覧者のモバイル端末に対して，自動的に展示品などの解説コンテンツや音声コンテンツが表示・再生されるなどといった方式が考えられる[28]．また，施設内の全体にアクティブタグを配置することで，観覧順路をナビゲーションするようなシステム構築も考えられる．

3.2.5 モバイル端末

日本国内における携帯電話は，電話としての機能はもちろんのこと，電子メールの送受信機能，カメラ機能，GPS機能，赤外線通信機能，ワンセグ受信機能などといった多機能化が独自に進展してきた．一方，スマートフォンは，Apple Inc.の「iPhone」の発売により世界的に注目されるようになった．iPhoneは，ユーザがアプリケーションをインストールすることで自分仕様にカスタマイズすることが可能で，日本におけるスマートフォンの普及を牽引してきた．また，Google Inc.はモバイル端末用のOS（Operating System）である「Android」を提供している．Android OSは，無償で公開されるオープンソースで，このプラットフォーム上で動作する多くのアプリケーションが提供されている．

さらに，近年，端末の画面を物理的なキーボードではなくタッチパネル方式で，指やスタイラスペンで画面を操作するタブレットコンピュータが急速に普及しはじめている．Apple Inc.の「iPad」は，タブレットコンピュータの代表的な機種で，タッチパネルでの操作に最適化されたiOSが搭載されている．また，Microsoft Corporationは，タブレットコンピュータに対応したOSとして「Windows 8」を開発した．今後，片手で持つことが可能な7インチサイズのタブレット（図3.8）の普及も進むものと考えられ，位置情報サービスを提供するプラットフォームとして，利便性がさらに高まることが期待される．

このようなモバイル端末の内部には，いくつかのセンサが搭載されている．こ

図3.8 タブレット端末の例

のうち6軸センサは，加速度センサと地磁気センサの組み合わせで実現されている[29]．加速度センサは，空間の左右・上下・そして前後の3方向，地磁気センサでは，地球上の方位を検出することができる．高精度のGPS測位が可能になり，かつ，屋内外の測位をシームレスに行うことができれば，この6軸センサとGPS機能により，モバイル端末を用いたきめ細かな位置情報サービスの実現が可能になろう．

3.3 観光分野などにおける位置情報サービスの事例

　本節では，位置情報取得のための要素技術をもとにした位置情報サービスに関する応用事例などを紹介する．3.3.1項では，東京都内で社会実験が行われているユビキタス情報システムの概要を説明する．3.3.2項では，観光者のGPSログデータを用いた観光行動分析の事例について述べる．

　観光分野では，これらの事例のほかにも，位置情報を用いた観光情報システムが開発されている[30]．たとえば，アクティブ型RFIDと携帯電話を用いた観光情報サービスとして，ユニバーサルデザインの考え方に基づくモバイル型の観光情報システム[31]などがある．

3.3.1 ユビキタス情報システムへの適用事例

　東京都都市整備局は，国土交通省と連携し，東京都内において，携帯情報端末とICタグなどを用いた情報提供サービスの社会実験を行っている．このプロジェクトは，「東京ユビキタス計画」という名称で展開されており，いつでも，どこでも，誰でも必要な情報を簡単に得ることができ，安全・安心なユビキタス社会の実現に向けた取組みである．

　初年度にあたる2005年に東京・上野地区で実施された「上野まちナビ実験」では，専用情報表示端末を用いた観光情報案内や，障がい者の経路案内もできるナビゲーションシステムに関する実証実験が行なわれた．恩賜上野動物園では，この実験の成果を踏まえ，動物の解説を動画や音声などで得ることができる情報提供サービスが試験運用されている[32]．

　また，2009年からは，東京都庁の展望室において，専用携帯端末を用いた観光案内サービスが提供されている．この観光案内サービスは，展望室から見える風景に対して，専用情報端末の画面上に写真コンテンツなどが表示され，音声でも解説を聞くことができるシステムとなっている．この情報システムで観光者向けに用意されているコンテンツは，多言語対応となっており，携帯端末を装着して展望室内の窓に近づくと，端末の位置を感知して自動的に画面が切り替わり，対応するコンテンツが表示される（図3.9）．

(a) 専用携帯端末

(b) トップページ

(c) 案内表示の画面例

図3.9　東京都庁展望室の観光情報システム
(東京都都市整備局，(一財)国土技術研究センター，ユーシーテクノロジ(株)提供)

一方，日本を代表する繁華街である東京・銀座地区では，銀座の関係団体から協力を得て，2007年より「東京ユビキタス計画・銀座」として，さまざまな位置情報サービスに関する実証実験が展開されている．このプロジェクトは，ucodeタグとモバイル端末を用いて，銀座の移動経路案内や銀座地区全体の情報提供などを目的としたサービス実験である．

　ucodeとは，現実世界に存在する「モノ」や「場所」などを個別に識別する，128ビットの番号である[33]．2次元コードやRFIDなどのタグに対してこの番号を付与することで，モノや場所に結びつける．これをucodeタグと呼んでいる（図3.10）．ucodeは結びついた対象の属性情報をデータベースに格納しており，世界で一つだけの番号として管理されている．

　これまで実証実験を重ねるごとに，さまざまなサービス実験が展開されており，2010年には，Wi-Fi測位・ucodeタグと専用携帯端末を用いた移動支援実験を行っている．この実験では，タウン情報ポータルサイト「ココシル銀座」[34]と連携し，約450店舗（2013年3月31日現在，4300店舗参加）の参加により，さまざまな店舗情報が提供された（図3.11）．実験エリア内では，銀座の中央通りのほか，地下道にもアクティブタグが配置されており，現在位置を高精度に測位することが可能となっている．これらの位置特定のための情報基盤整備などにより，銀座を訪れる誰でもがスムーズに安心して移動できるようなユニバーサルデザインのまちづくりを推進しようとしている．

　2011年以降は，スマートフォンに専用アプリケーションをインストールすることで，これらの位置情報サービスを体験できるよう汎用性が高められた．さらに，NFC（Near Field Communication）機能を内蔵したスマートフォンであれば，実

図3.10　ucodeタグ

証実験エリア内に設置されたucodeNFCタグにタッチすることで，移動経路支援や各種店舗情報などを容易に得ることができるようになった（図3.12）．今後，全国でこの事例のような近未来型位置情報サービスの実現が期待される．

図3.11 「東京ユビキタス計画・銀座」における「ココシル銀座」の画面例
（東京都都市整備局，（一財）国土技術研究センター，ユーシーテクノロジ（株）提供）

図3.12 スマートフォンとucodeNFCタグ
（東京都都市整備局，（一財）国土技術研究センター，ユーシーテクノロジ（株）提供）

3.3.2 小型GPSロガーを用いた観光行動調査とその分析

近年,観光旅行の形態は,高速交通網の整備や情報通信環境の発展などを背景として,従来主流だった団体旅行から少人数旅行へと変化している.そのため,観光分野における行動分析は,観光都市間の回遊といったマクロスケールの分析に加えて,観光都市内のようなミクロスケールの行動データの取得と分析を行い,観光者のニーズを詳細に把握することが重要となってきている.

そこで,注目されているのは,軽量で持ち運ぶことが容易なGPS受信機(小型GPSロガー)である.本項では,2011年に北海道小樽市内において実施された,小型GPSロガーを用いた歩行観光者の行動調査とその分析結果を紹介する.

この観光行動調査の対象は鉄道を利用して小樽市を訪れた少人数の観光グループで,JR小樽駅を起終点として,徒歩にて小樽運河周辺エリア(おおむね1〜2km四方の範囲)を観光するグループと個人観光者である.また,この調査で用いた小型GPSロガーは,Garmin Ltd.のeTrex Venture HCである(図3.5とほぼ同様の機器).調査期間は,2011年9月17〜19日,23〜25日の計6日間で,調査協力の了解を得ることができた合計32グループのGPSログを取得させて頂いた.そのうち,分析対象データは,GPSログの欠如が見られない良好な23データとした[35].

今回得られたGPSログデータの分析方法の一つとして,GISを用いたカーネル密度推定がよく知られている.カーネル密度推定とは,観測点がない地点の値を推定する技法の一つであり,平面的に広がりのあるポイントデータがあれば,そのデータの密度を連続的な曲面で表現できるとされている[36][37].

図3.13は,有効とした23データの全ポイントデータに対して,GISの代表的なソフトウェアであるEsri Inc.のArcGISを用いてカーネル密度を計算し,可視化したものである[38].この図を見ると,主に「浅草橋」と「メルヘン交差点北部」の2箇所で高密度なエリアがあることがわかる.「浅草橋」は,小樽運河を見渡すことができる代表的な観光ポイントである.また,「メルヘン交差点北部」付近は,小樽硝子やスイーツなどの有名店舗が多く立地しているエリアである.

このように,GPSログの収集とGISを用いたログデータの分析により,観光者の主な行動範囲を把握することが可能になる.また,観光都市内という限定的な範囲内において,観光者が長時間滞在していた箇所,または多数の観光者が訪れた箇所などを明らかにすることができる.

今回の調査では有効データ数が十分でなく，主要な観光歩行ルートを明確に特定するまでには至っていない．しかし，数多くのGPSログデータを得ることができれば，屋外における観光者の滞留時間や行動ルートといった動的な観光行動分析が可能になるであろう．また，これらの分析項目は，従来行われてきた観光アンケート調査では正確に把握することが難しい項目であり，今後，GPSログなどの位置情報を用いた観光行動分析が，新たな観光ルートの開発や観光施設の整備，観光案内標識の設置などといった観光街づくりに対して，有用な分析方法の一つとして確立されることが望まれる．

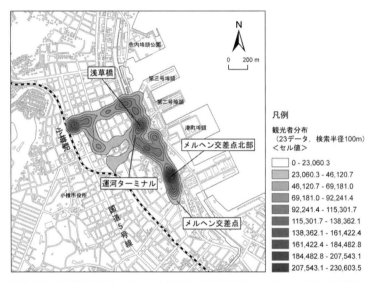

図3.13 小樽運河周辺エリアにおける歩行観光GPSログのカーネル密度推定

3章 章末問題

問題1 携帯電話の高性能化と位置情報サービスの発展には,どのような関係があるか調べなさい.

問題2 RFIDはどのようにして情報を読み書きしているのか,その仕組みを調べなさい.

問題3 これまで提案されてきたモバイル型の観光情報システムにはどのようなものがあるかを調べ,その特徴をまとめなさい.

参考文献

[1] A. Brimicombe, C. Li: *Location-Based Services and Geo-Information Engineering*, John Wiley & Sons (2009).
[2] 島 健一:位置情報流通のプラットフォーム,『情報処理』,Vol.42, No.4, pp.362-365 (2001).
[3] 阿部昭博,佐々木辰徳,小田島直樹:位置情報を用いて地域コミュニティ活動を支援するグループウェアの開発と運用評価,『情報処理学会論文誌』,Vol.45, No.1, pp.155-163 (2004).
[4] (株)コロプラ:コロニーな生活☆PLUS.
http://colopl.co.jp/products/colopl/colopl_01.php (2015年3月31日現在)
[5] 佐野正弘:『位置情報ビジネス』,毎日コミュニケーションズ (2011).
[6] 松下 温ほか:『ユビキタスコンピューティング』,オーム社 (2009).
[7] 総務省消防庁:携帯電話・IP電話等からの119番緊急通報に係る位置情報通知システムの運用.
http://www.fdma.go.jp/neuter/topics/jouhou/190126unyou.html (2015年3月31日現在)
[8] 防災推進機構,本田技研工業(株), ITS Japan:通れた道路マップ,日本災害情報学会2012年廣井賞受賞式・受賞記念講演記録.
http://www.jasdis.gr.jp/_userdata/topics/2012hiroi-kiroku.pdf (2015年3月31日現在)
[9] 白井澄夫:高精度衛星測位技術の動向と応用,『電子情報通信学会誌』,Vol.92, No.9, pp.768-774 (2009).
[10] 宇宙航空研究開発機構 (JAXA):準天頂衛星初号機「みちびき」.
http://www.jaxa.jp/projects/sat/qzss/index_j.html (2015年3月31日現在)

[11] 谷口 功:『位置情報の基本と技術』, 翔泳社 (2012).
[12] 森 信一郎, 峰野博史:携帯端末向け測位技術の動向サーベイと新技術の紹介,『情報処理』特集「社会に浸透する新たなコンピュータ／ネットワークの世界」, Vol.51, No.1, pp.43-46 (2010).
[13] 関本義秀, T. Horanont, 柴崎亮介:携帯電話を活用した人々の流動解析技術の潮流,『情報処理』, Vol.52, No.12, pp.1522-1530 (2011).
[14] 森 信一郎:スマートフォン向け屋内測位技術の動向と新技術の紹介,『情報処理』特集「日本を元気にするICT」, Vol.53, No.4, pp.373-376 (2012).
[15] PlaceEngine. http://www.placeengine.com/ (2015年3月31日現在)
[16] 暦本純一, 塩野崎敦, 末吉隆彦, 味八木崇:PlaceEngine:実世界集合知に基づくWiFi位置情報基盤,『インターネットコンファレンス2006』, pp.95-104, (2006).
[17] N. Kohtake, S. Morimoto, S. Kogure, and D. Manandhar: Indoor and Outdoor Seamless Positioning using Indoor Messaging System and GPS, *2011 International Conference on Indoor Positioning and Indoor Navigation*, (2011).
[18] 北海道総合政策部科学IT振興局情報政策課:「オホーツクみちびきプロジェクト」.
[19] 藤田和謙, 栗林 稔, 森井昌克:QRコードへの画像埋め込みに関する検討と提案,『信学技報』, LOIS2010-51, pp.39-44 (2010).
[20] (株)デンソーウェーブ:QRコードドットコム. http://www.qrcode.com/ (2015年3月31日現在)
[21] 高松市:サンポート周辺におけるQRコード入りデザインマンホールについて, 市長定例記者会見資料 (2013).
[22] 川村秀憲, 鈴木恵二:観光情報学におけるアクションリサーチ―北大グルメエキスポの開催を通して―,『情報処理』特集「観光情報学」, Vol.53, No.11, pp.1146-1152 (2012).
[23] 東田光裕, 松下 靖, 林 春男, 三宅康一, 森川昌之, 吉富 望, 名和裕司:QRコードを利用した位置情報取得システムの開発,『地域安全学会論文集』, No.11, pp.355-362 (2009).
[24] 国土交通省国土地理院測地部:新たな位置情報基盤を担う位置情報点と場所情報コード,『月刊建設マネジメント技術』, 2010年7月号, pp.28-31 (2010).
[25] 坂下 仁:RFIDをとりまく現状,『Interface』特集「RFID-無線ICタグのデバイスからシステムまで」, 2004年12月号, pp.84-92, CQ出版社 (2004).
[26] 加瀬一朗ほか:『RFIDの現状と今後の動向』, 電気通信協会 (2005).
[27] 末次信治, 山本久好:6次産業化を推進するICT基盤の開発,『PROVISION』, No.71, pp.54-60 (2011).
[28] 佐藤一郎:博物館向けコンテキスト依存サービスにおけるM-Spaces空間モデルの実証実験,『情報処理学会論文誌』, Vol.49, No.2, pp.797-807 (2008).
[29] KDDIホームページ:KDDI用語集. http://www.kddi.com/yogo/ (2015年3月31日現在)
[30] 市川 尚, 阿部昭博:観光周遊におけるIT支援,『人工知能学会誌』, Vol.26, No.3, pp.240-247 (2011).
[31] 米田信之, 阿部昭博, 狩野 徹, 加藤 誠, 大信田康統:携帯電話とアクティブRFIDによるUD観光情報システムの開発と社会実験,『情報処理学会論文誌』, Vol.49, No.1, pp.45-57 (2008).

[32] 上野動物園携帯端末サービス．
http://www.tokyo-zoo.net/zoo/ueno/uc/index.html（2015年3月31日現在）
[33] Ubiquitous ID Center: ucodeとは？．
http://www.uidcenter.org/ja/learning-about-ucode/what-is-ucode（2015年3月31日現在）
[34] ココシル銀座．http://home.ginza.kokosil.net/ja/（2015年3月31日現在）
[35] 深田秀実, 奥野祐介, 大津 晶, 橋本雄一：観光歩行データに対するGISを用いた3次元可視化手法の提案,『観光と情報』, Vol.8, No.1, pp.51-66 (2012).
[36] B. W. Silverman: *Density Estimation for Statistics and Data Analysis*, Chapman and Hall (1986).
[37] 中谷友樹, 谷村 晋, 二瓶直子, 堀越洋一：『保健医療のためのGIS』, 古今書院 (2004).
[38] 奥野祐介, 深田秀実, 大津 晶：GISを用いたカーネル密度推定による観光歩行行動分析手法の提案と実践からの知見,『情報処理学会デジタルプラクティス』, Vol.3, No.4, pp.297-304 (2012).

4章

拡張現実（AR）が観光にもたらすインパクト

　新しい情報技術の登場は，時に観光に新たな楽しみをもたらす．拡張現実（AR: Augmented Reality）の技術は，スマートフォンが普及し手軽に利用できるようになったことで活用が進み，外出先で楽しめるコンテンツが登場したことにより観光にも応用されるようになってきた．

　本章では，ARが観光にもたらす新たな楽しみの事例を著者らの取組みを通じて紹介するとともに，観光におけるARの活用についてその可能性と課題を論じる．以下，4.1節と4.2節ではARの概要と基礎技術を述べ，4.3節においては観光への応用事例と活用のポイントを，4.4節では課題と今後への期待について述べる．

4.1 拡張現実（AR）とは

　人工現実感（Artificial Reality）およびバーチャルリアリティ（VR: Virtual Reality）は，人工的に生成された視覚や力覚の情報によって，人間に通常認識している現実の空間とは異なる空間を知覚させる技術である[1][2]．これらは1960年代後半に登場し，1990年代には人工的な空間に現実の空間の情報を融合して提示する複合現実感（MR: Mixed Reality）が提唱され[3]，その一つとして拡張現実感あるいは拡張現実（AR）が登場した．ARは，人工的に生成された情報を現実の空間に付加して提示することで現実の空間が拡張されたように知覚させる技術であり，図4.1に示すようにカメラで取得した画像に実際には見えないものを登場させる視覚ベースのものが多い[4]-[6]．

　ARを含めたMRおよびVRにおいては，人間の動きや人工空間内の物体の形

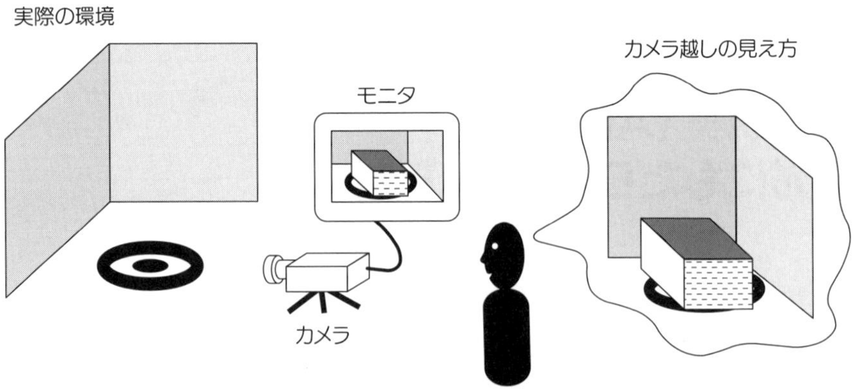

図4.1 視覚ベースの拡張現実の概念

状の変化などに連動して知覚される情報が変化するよう，リアルタイムで情報を生成し提示することが欠かせない．特に，人間は視覚から80％の情報を得ると言われており，コンピュータグラフィクス（CG: Computer Graphics）等を利用した視覚情報の提示は重要である．提示のための装置としては，コンピュータのモニタに加え，臨場感を高めるために大型のドーム型スクリーンや頭部に装着して使うヘッドマウントディスプレイ（HMD: Head Mounted Display），立体視のできる3次元表示ディスプレイなどの装置が用いられる．

　ARにおける視覚情報の提示は，初期においてはコンピュータのモニタやHMDが用いられており，近年ではスマートフォンなどのモバイル端末や携帯ゲーム機などカメラと液晶ディスプレイを搭載した小型の情報機器も用いられている．これらの機器の普及とともにARを活用した広告，イベント，キャンペーンの事例が増加した[7][8]．これに加えて，ARToolKit[9]の登場によりARのコンテンツ制作が容易になったこと[5][7]，ARが日常的に使われている世界を舞台としたテレビアニメがヒットしたこと[7][8]などにより，ARは広く知られるようになった．また，2011年から2013年にかけて以下に示す製品やサービスが商品化されARはいっそう身近になっている．

（a）カメラで取得した風景に目的地や進行方向の情報を付け加えて提示する機能を持つ，カーナビゲーションシステム[13]

(b) カメラを向ける方向によって画面に現れるキャラクターが変わり，これを捕獲して楽しめる携帯ゲーム機のコンテンツ[14]
(c) 特定のパターンが印刷されたカードにカメラをかざすことで，アイテムやキャラクターが登場する携帯ゲーム機のコンテンツ[15]
(d) 印刷されたマーカーに対してスマートフォンをかざすことで，解説用の動画など補足資料を取得して閲覧できる図鑑[16]
(e) スマートフォンをかざすことでメッセージつきの動画が再生される年賀状を作成するための年賀状素材集[17]
(f) スマートフォンをかざしてヒーロー／ヒロインのキャラクターと一緒に写真を撮れる子供用Tシャツ[18]

4.2　ARの基礎技術

4.2.1　ARを生成する技術

　視覚ベースのARは，アノテーションと呼ばれるデジタル情報をカメラで取得した画像に重ね合わせて重畳表示することで実現される．アノテーションには，文字情報やタグ，物体やキャラクターをCGで生成したCGオブジェクトなど，さまざまなものがある．重畳表示をする際には，画像内の風景と付加したアノテーションの見え方に違和感が生じないよう，アノテーションの表示位置や向き，大きさの調整が必要となる．また，カメラの位置・姿勢の変化によって風景が変わることから，変化した風景に対しても違和感が生じないようにアノテーションを調整しなければならない．そのためには，現実の空間にある物体と付加するアノテーションの位置合わせが重要であり，画像ベース（ビジョンベース）と位置情報ベース（ロケーションベース）の技術が利用されている[4][5]．

　画像ベースの位置合わせには，マーカー型とマーカーレス型があり，いずれも画像から抽出した特徴量をもとにアノテーションの表示位置や大きさが決められる．マーカー型は，風景の中から目印として登録された画像を抽出し，その大きさや向きに合わせてアノテーションを調整して，マーカー部分をアノテーションで上書する．ARのコンテンツ制作者を増やすきっかけとなったARToolKitはマー

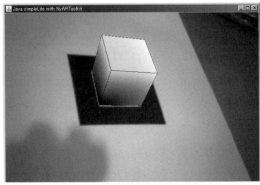

(a) マーカー　　　　　　　　　　(b) 重畳表示

図4.2　マーカー型ARの例[9]

カー型の位置合わせを採用しており，たとえば図4.2 (a) のような特別なパターンのマーカーに，図4.2 (b) に示すようにCGオブジェクトを重畳表示する．4.1節の事例 (c) (d) はARToolKitと同様に特別なパターンをマーカーとして用いている．事例 (e) (f) では特定の画像をマーカーとして用いており，特別なパターンの場合に比べてマーカーの存在が目立たない．マーカーレス型は，画像を解析してカメラの移動や風景の移り変わりにより生じる特徴量の変化を検出し，検出した変化と整合するよう物体同士の位置関係やカメラの向きを推定して，アノテーションの見え方を調整する．手軽に利用できるものとしてPTAM (Parallel Tracking and Mapping)[10]およびそれを改良したPTAMM (Parallel Tracking and Multiple Mapping)[11]が知られている．

　位置情報ベースの技術では，加速度センサ，ジャイロセンサ，磁気センサなどのセンサやモーションキャプチャシステムを用いて人間の視線方向やカメラの位置・姿勢を推定し，アノテーションの見え方を調整する方法がある．4.1節の事例 (b) では，加速度センサとジャイロセンサを利用してカメラの姿勢を推定し画像内に登場するキャラクターの見え方を決めている．また，3章で紹介されているように，屋内では無線LANの基地局やRFIDなどによる屋内測位，屋外ではGPSなどの衛星測位を利用した位置情報の取得が可能である．取得した位置情報に基づいてその場所に適したアノテーションを付加する例として，4.1節の事例 (a) ではGPSを利用して現在地に応じた案内情報を提示している．

4.2.2 ARの提示方法

　従来,視覚ベースのARは,提示用のモニタやHMD,画像取得のためのカメラ,計測のためのセンサ,処理能力の高いコンピュータなど多くの機材を必要とし,特殊な機材の準備と調整が必要となることから,利用できる場所が限られていた.しかしながら,近年はスマートフォンなどのモバイル端末,カーナビゲーションシステム,携帯ゲーム機など,カメラと液晶ディスプレイを搭載した小型の情報機器の普及が進み,いつでもどこでも手軽に利用できるようになってきている.特にモバイル端末は,画像取得のためのカメラ,位置情報取得のためのGPS,地磁気センサ,加速度センサ,表示のための液晶ディスプレイなどのデバイスを内蔵し,ネットワーク接続によりアプリケーションの追加やクラウドサービスとの連携も容易であり,ARを利用するためのひととおりの機能が携帯可能な機器に集約されている.

　2009年にスマートフォン用のアプリケーションとして登場したセカイカメラは,位置情報に基づいて風景にエアタグと呼ばれる電子的な付箋をアノテーションとして貼りつけ,現在地に関連する情報の存在を可視化するとともに,エアタグのタップを通じたネットワーク経由の詳細情報の取得を可能にした.また,エアタグを通じて提供される情報はサーバ上で容易に切り替えられることから,セカイカメラはARを通じた情報提供のプラットフォームとして利用されるようになった.セカイカメラのサービスは2014年に終了してしまったが,セカイカメラ以外にもAR用のアプリケーションとして,Layar, ARAPPLI, SkyWare, junaioなどが登場しており,これらはARブラウザとも呼ばれている.

　現在,モバイル端末におけるARの利用は,ARブラウザのアプリケーションをインストールしてコンテンツを閲覧する形態と,コンテンツを含む専用のアプリケーションをインストールし利用する形態がある.今後は,メガネ型の端末やスマートフォンをHMDとして活用するアクセサリー[12]が登場したことにより,HMD上での利用を想定したコンテンツの提供が進む可能性もある.

4.3 観光への応用

4.3.1 観光への応用事例

　ARを観光に応用した代表的な事例としては，特定の場所にちなんだCGオブジェクトの提示とエアタグを利用した情報提供がある．その活用は，セカイカメラが登場しスマートフォンの出荷台数が増加した2009〜2011年頃を境に，以下の点で大きく変化している．

(1) 提示の機器として主にスマートフォンが使われるようになった
(2) ARブラウザを利用し，エアタグにより観光情報を提供する事例が増えた
(3) 自治体や観光協会がARの活用に積極的になった

　変化する以前の取組みとしては，古都の遺跡において遺失した建築物をCGで復元し，コンピュータのモニタやHMDで提示する事例が挙げられる[19][20]．また，文献[7][8]には，携帯ゲーム機を使ったゲームのキャラクターと旅行気分を味わえるイベントや，アニメの舞台となった場所でアニメの世界を体験できるイベントの事例が紹介されている．これらはいずれも専用のアプリケーションによるARの提供であり，必ずしも観光を主目的としているわけではないが，特定の場所で得られる通常とは異なる体験が観光地に人を呼ぶことにつながっている．エアタグの利用事例としては，2009年に実証実験が行われた「ぷらっと Plat＠まつやま」の取組みがある[8]．

　2009〜2011年以降は，自治体や観光協会が積極的に関与し，スマートフォンやタブレットなどのモバイル端末での利用を想定し，ARブラウザを対象とした観光用のコンテンツ（観光用ARコンテンツ）を提供する取組みが増えた．ARブラウザ上では，GPSからの位置情報を利用して現在地の近くにある観光スポットがエアタグで可視化され，エアタグのタップによって解説文書，写真，動画，関連ウェブページなどのさまざまな形式の観光情報が提供される．ARコンテンツとして，Layer用コンテンツ[21]-[23]，ALLAPLI用コンテンツ[24]，junaio用コンテンツ[25][26]などが提供されている．また，専用アプリケーションとしては，エアタグ

　(a) スマートフォンと風景　　　(b) スマートフォンの画面

図4.3　エアタグの表示例

図4.4　ARコンテンツを楽しむまち歩きツアーの様子

による情報提供に加えて地図との連携機能やCGのコンテンツを組み合わせて提供する事例がある[27].

　観光ツアーにARを活用した事例としては，CGで再現した古都をHMD上で見ながら飛鳥京の遺跡を歩くツアーの取組みがあり，ツアーの参加者から高い評価を得ている[28]．著者らは，図4.3のように観光スポットの存在をエアタグで示すjunaio用のARコンテンツを制作した[29][30]．2011年にこれを楽しむガイドつきのまち歩きツアーを実施したところ，図4.4のようにツアー参加者がARコンテンツに熱中する様子が観察された．また，参加者へのアンケートからはARコンテンツに対する満足度の高さを確認できた．

4.3.2 観光における活用のポイント

　観光におけるスマートフォンなどのモバイル端末は，3章に述べられているように位置情報に基づいた有用な情報提供に役立つ．また，5章に述べられているデジタルアーカイブの観賞および9章に述べられている観光周遊支援ゲームへの参加など，日常とは異なる楽しみや感動の提供にも役立っている．著者らは，まち歩きツアーの取組みからARはその両方の役割を果たすことができると感じており，これが有用な観光支援ツールになると考えている．

　ARによる情報提供は，目の前の風景にエアタグを付加することで，地図に印をつけて示すよりも直感的に観光スポットの存在を提示できる点に特徴がある．このとき，カメラの向きや距離に応じて表示するタグの数や大きさを変えるなど，現在地との相対的な位置関係を把握しやすくするような表示の工夫もできる．また，マーカー型の位置合わせ技術を利用すると，詳細情報の存在を目の前の対象に直接結びつけて示すことができる．この際，特別なパターンを用いて情報の存在を目立たせアクセスを促すことや，写真やポスターをマーカーにして意外な発見を演出した情報提供を行うなどの活用が考えられる．

　楽しみや感動の提供については，通常とは異なる風景を見せられる点にARの特徴がある．4.3.1項で述べた，CGオブジェクトを利用し古都を復元する事例や，絶滅した古代の生物をCGで登場させる取組み[24]は，目の前に時代を超えた光景を再現する．異なる季節の写真の提示や，古写真の提示[29][31]および夜間にライトアップされた映像の提示[30]などは，同じ場所における異なる時間帯の風景の鑑賞を可能にする．これらの取組みは，図4.5に示すように，目の前に広がる風景と時間軸の異なる風景との対比を容易にして両者の共通点や相違点を見いだす楽しみを提供すると考えられる．

　また，ゲームや漫画，アニメなどのキャラクターをCGで登場させる取組みは，現実の世界と重なることで作品の世界が身近に感じる楽しみを提供する．特に，「聖地巡礼」と呼ばれる作品の舞台を訪れる観光においては，ARにより実現されるキャラクターとの記念写真がもたらす楽しみは大きい．アニメ以外の映像作品，映画，ドラマ，CMなどについても，そのロケ地が登場するシーンを現地で鑑賞することが同様の楽しみを提供すると考えられる．さらに，ARを利用したゲームを制作することで，現実の世界をゲームの舞台に変えて楽しむことも可能となる．この取組みとしては，街並みをフィールドとして活用したシューティング

図4.5 古写真の利用例（古写真は函館市中央図書館蔵）

ゲーム[29]や，ゲームの舞台となった場所における登場キャラ探しゲーム[32]などの事例がある．

4.4 ARの課題と可能性

現在，ARは技術の目新しさが注目を集めた時期が終わり，4.1節の事例のようにARにより提供される機能やサービスの内容が重視される段階にある．このことは観光においても同様であり，ARによって観光にもたらされる付加価値が今後問われていくものと考えられる．

観光情報の提供に関しては，地図との連携[27]，災害時における避難所情報の提供[22]，外国人向けの多言語対応などさまざまな機能を組み合わせた上で，直感的な情報提示が行えるARの特徴を生かした取組みを充実させていく必要がある．楽しみや感動の提供に関しては，4.3.2項に述べた映像やCGオブジェクト，ゲームの提供が有力なコンテンツとなって，これまでにない新しい観光の楽しみをもたらす可能性がある．そのためには，観光客が足を運びたくなるような魅力的なコンテンツの制作が欠かせない．

ただし,観光用ARコンテンツを制作する手間と費用を誰がどのように負担するかは課題である.さらに,既存の映像作品を利用する場合は著作権・肖像権等の権利処理を適切に行う必要がありそのハードルは低くはない.また,地域の観光資源をARにより効果的にアピールする視点が重要であり,地域との関連性が希薄なものの導入は慎重に行う必要があるであろう.

観光においてARを利用する機器は,観光客が常に持ち歩いておりいつでもどこでも使えるという点において,今後もスマートフォンなどのモバイル端末が主役となる可能性が高い.しかしながら,以下の技術的な課題も存在する.

- 位置情報の精度が,使用する端末やGPSの電波の受信状況等によって変わる
- 端末の処理能力やネットワーク通信の状況により,コンテンツ表示のレスポンス速度が変わる
- 晴天の日中はディスプレイの視認性が良くない
- 画面の大きさによっては,文字が読みにくい場合やエアタグをタップしにくくなる場合がある
- カメラや通信機能などを連続して使い続けるため,電池の持続時間が短くなる

これらはハードウェアの進歩により改善する可能性もあるが,AR利用時の使い勝手にも影響しARの評価を下げる要因ともなり得るため,コンテンツ制作時においても注意が必要である.技術的な課題に加え,近年は歩きながらモバイル端末を利用することの危険性が社会問題化しつつあり,利用者本人だけでなく周囲の人を巻き込む危険も問題視されている[33].ARの利用時は画面に集中しがちになることから,観光への応用においても十分に注意を払わなければならない.

解決すべき課題はあるものの,著者らの実施したツアーでは図4.4に示すように参加者がARコンテンツに夢中になっている様子が随所で見られ,ARのポテンシャルの高さを実感できた.一方で,モバイル端末上で利用するには専用のアプリケーションやARブラウザをインストールして使用方法を習得する必要があり,現状では全ての観光客にとって使いやすいとは言い難い.この点については,有用なコンテンツが充実して利用者が増え,観光におけるARの重要性が高まるにつれて改善が促進されることを期待したい.そのためにも,今後,ARにより観光に新たな付加価値をもたらすことがいっそう求められる.

4章 章末問題

問題1 ARを容易に観光に利用できるようになった要因を述べなさい．

問題2 ARToolKitやARブラウザによりARのコンテンツ制作が活発となった理由を考察しなさい．

問題3 ARと観光の相性の良い点について考察しなさい．

問題4 モバイル端末用の観光用ARコンテンツを制作する上で避けるべきことを述べなさい．

参考文献

[1] 岩田洋夫 編著：『人工現実感生成技術とその応用』, サイエンス社 (1992).
[2] 廣瀬通孝：『バーチャル・リアリティ』, 産業図書 (1993).
[3] 田村秀行, 若月裕子：人工現実から複合現実へ, 『電脳空間右往左往 岐路に立つディジタル革命』, pp.200-217, NTT出版 (1999).
[4] 日経コミュニケーション (編)：『ARのすべて ケータイとネットを変える拡張現実』, 日経BP社 (2009).
[5] 佐野 彰：『AR入門 身近になった拡張現実』, 工学社 (2010).
[6] 川田十夢, 佐々木博：『AR (拡張現実) で何が変わるのか？』, 技術評論社 (2010).
[7] 小林啓倫：『AR－拡張現実』, 毎日コミュニケーションズ (2010).
[8] 丸子かおり：『AR＜拡張現実＞入門』, アスキー・メディアワークス (2010).
[9] 加藤博一：拡張現実感システム構築ツールARToolKitの開発, 『電子情報通信学会技術研究報告書PRMU』, 101 (652), pp. 79-86 (2002).
[10] G. Klein, and D. Murray: Parallel Tracking and Mapping for Small AR Workspaces, *ISMAR '07 Proceedings of the 2007 6th IEEE and ACM International Symposium on Mixed and Augmented Reality* (2007).
[11] R. O. Castle, G. Klein, and D. W. Murray: Video-rate Localization in Multiple Maps for Wearable Augmented Reality, *Proc. 12th IEEE International Symposium on Wearable Computers* (2008).
[12] ハコスコ．http://hacosco.com/ (2015年3月31日現在)
[13] カーナビ／サイバーナビ．http://pioneer.jp/carrozzeria/cybernavi/ (2015年3月31日現在)

- [14] ポケモンARサーチャー.
http://www.nintendo.co.jp/3ds/eshop/ncgj/（2015年3月31日現在）
- [15] ARゲームズ.
http://www.nintendo.co.jp/3ds/software/built-in/ar/（2015年3月31日現在）
- [16] 縣 秀彦（監修）：『ARで手にとるようにわかる 3D宇宙大図鑑』, 東京書籍（2012）.
- [17] 技術評論社編集部（編著）：『動く！飛び出る！音が出る！わくわくAR年賀状 2013』, 技術評論社（2012）.
- [18] NEXTPETS!. http://p-bandai.jp/contents/nextpets/（2015年3月31日現在）
- [19] 天目隆平, 神原誠之, 横矢直和：拡張現実感を用いたウェアラブル観光案内システム「平城京跡ナビ」, 『電子情報通信学会技術研究報告書PRMU』, 103（584）, pp.1-6（2004）.
- [20] 角田哲也, 大石岳史, 池内克史：バーチャル飛鳥京：複合現実感による遺跡の復元, 日本文化財科学会第24回大会, pp.38-39（2007）.
- [21] みやざき観光情報旬ナビ スマホで観光案内ひむかナビ.
http://www.kanko-miyazaki.jp/himukanavi/（2015年3月31日現在）
- [22] くしろARウォーカー. http://ar.kushiro.jp/（2015年3月31日現在）
- [23] 熊本観光スマートフォンARアプリ. http://www.kumamoto-icb.or.jp/one_html3/pub/Default.aspx?c_id=15（2015年3月31日現在）
- [24] 丹波市公式観光情報サイト 丹波流のほほんぶらり旅.
http://burari.city.tamba.hyogo.jp/app/app_ar.html（2015年3月31日現在）
- [25] ほの国東三河AR王国.
http://www.higashimikawa.jp/ar_special/（2015年3月31日現在）
- [26] ARへきなん観光 - 碧南市.
http://www.city.hekinan.aichi.jp/KANKOKYOKAI/ar_special/（2015年3月31日現在）
- [27] 長野県公式ウェブサイト さわやか信州.net.
http://www.nagano-tabi.net/modules/navisuke/ar.html（2015年3月31日現在）
- [28] 佐藤啓宏, 大石岳史, 池内克史：VR/MRガイドツアーシステムの開発と運用, 『日本バーチャルリアリティ学会論文誌』, Vol. 19, No. 2, pp. 247-254（2014）.
- [29] 鈴木昭二, 橋本真一, 布村重樹：観光の楽しみを広げる拡張現実感用コンテンツ制作の試み, 『情報処理学会デジタルプラクティス』, Vol. 3, No. 4, pp. 313-322（2012）.
- [30] 佐藤正徳, 淡路拓也, 岸野亜里沙, 大木開登, 濱登強, 鈴木昭二, 奥野拓, 椿本弥生：函館観光のためのARコンテンツの制作と評価, 『第10会観光情報学会全国大会発表概要集』, pp. 48-49（2013）.
- [31] みなとみらい歴史AR. http://opendata.mods.jp/mmhistory/（2015年3月31日現在）
- [32] ソフトバンクテレコム（株）：平成25年度「準天頂衛星システム利用実証事業」提案書補足資料—種子島・屋久島ランドマーク実証実験.
http://cdn.softbank.jp/corp/set/data/group/sbtm/news/press/2013/20130726_01/pdf/20130726_01.pdf（2015年3月31日現在）
- [33] 徳田克己, 水野智美, 西館有沙：歩きスマホ防止教育の効果1—情報提供型、脅し型、討論型の比較—, 日本心理学会78回大会, 1AM-1-035（2014）.

5章 デジタルアーカイブと観光

「デジタルアーカイブ(ス)」という言葉は，すでに日本語として市民権を得ているように思われる．しかしながら，この言葉が指すものは，立場によってかなり異なっている．この章では，地域を対象として作られた歴史や文化財に関わるデジタルアーカイブを観光という視点で活用するという立場に立って，デジタルアーカイブの現状を分析してみたいと思う．

これまで，著者らは観光を主産業とする函館市において，地域デジタルアーカイブの構築を進めてきており，どのような種類の資料が，どのくらいの分量で地域に存在し，そしてそれらがどのような品質を持っていて，これまでどのように活用されてきたかを間近にながめる機会に恵まれた．ある資料データはデジタル化によって頻繁に出版物や放送に活用され，観光情報として大きな役割を果たし，一方で，ある資料はひっそりと眠っている．そんな経験を踏まえて，デジタルアーカイブと観光の関係を論じてみたい．

5.1 観光情報とデジタルアーカイブの関係

観光情報とは，観光分野における情報活用を指しており，通常は，観光客の行動に影響を与え，体験の質を左右する情報提供サービスのことを指していると考えられる．したがって，観光の質を左右する要素である地域の歴史や文化財，景観などは，観光情報の主要な部分を構成していると考えてよい．もちろん，これらのほかに，観光の快適性につながる交通情報やトイレ，アクセシビリティ，飲食情報なども，観光情報を構成する重要な要素である．

さて，「デジタルアーカイブ」は多義的に使われる言葉であるが，一般に記録物

や著作・創作物をデジタルシステムで扱える形式で集積したものを指していると考えられる．ただし，図書だけを集積したものはライブラリーとして区別されている．また，映像の集積については，アーカイブとライブラリーの両方の呼称が混在しており明確な区別はないが，前者が集積を強調しており，後者が公開あるいは利用を強調しているという違いであろう．

デジタルアーカイブを目的別に大別すると，調査研究に資するために集積するもの，映像等のコンテンツ保存と再利用を目的とするものに加え，コミュニティ活動を中心に据えて情報収集を行うものの三つに大別される．第一のものは，公文書館，博物館，美術館，あるいは一部の図書館等に開設されており，価値のある文書や美術品，標本資料等をデジタルデータに変換して集積し，将来の調査研究に活用するもので，履歴等の原資料の正確な情報を記録することに重点を置いている．第二のものは映像や写真，音声等の制作された過去のコンテンツを保存するもので，それらの再利用を主目的とした保存である．第三のものは，情報ネットワーク環境などを利用して地域コミュニティの現在を記録するタイプのもので，SNSなどを活用して市民からの投稿を受け，その情報を集積する．情報の集積に加え，活動自体が地域の活性化につながるものである．

観光情報はこれらの三つのアーカイブの全てのものと関係してくると考えられる．たとえば，第一のタイプに属する文化財情報や歴史情報は，歴史文化観光コンテンツを編集する際の素材として利用されている．歴史上の人物や事件を説明するために古写真や古地図，絵図等を活用することが多い．第二のものは，映画やニュース映像，テレビ番組，報道画像なども含まれることから，VOD（Video On Demand，ビデオ・オン・デマンド）としての活用や，それらの再利用が可能である．第三のものは，情報ネットワークを介してリアルタイムに個人からの情報を収集できる特性を活かし，多様な視点の街の現在の情報が少ないタイムラグで得られる特徴がある．

2000年代に入ったころ，各地域で固有の地域コンテンツを収集し，観光などのビジネスや地域活性化のために活用しようという"コンテンツ"ブームが起こった．このとき，地域の事物をデジタル化したものをDVDなどのデジタルメディアで配布したり，webを介して紹介したりする事業がさかんに行われたが，想定していたとおりにはビジネスにつながっていかなかったように思う．それでも，文化財などの事物のデジタル化が生み出したものは決して小さくなかった．デジタ

ル化によって地域に潜在化していた事物が顕在化して多くの人の目に触れ，人々のインスピレーションが触発され，地域の再発見が進んできたように思えるからである．

そこで，次節以降では著者らが推進してきた，函館におけるデジタルアーカイブのこれまでの取組み[1]を紹介し，それを通じて見えてくる地域コンテンツと，その観光への活用の現状をまとめてみたい．言うまでもなく函館市は歴史観光都市であるから，歴史資料や古写真，古地図などのアーカイブには観光の魅力を高めてくれるものが含まれている．したがって，第一のタイプに属するアーカイブの取組みは，観光事業への刺激にもなってきたはずである．

5.2 地域デジタルアーカイブ

5.2.1 函館図書館コレクション

2003年，著者らは市立函館図書館（現函館市中央図書館）館長の依頼を受け，図書館が収蔵する資料のデジタル化に関する検討を行うことになった．図書館コレクションの特徴の一つは，古写真である．コレクション中最古の写真は1854年のペリー艦隊の来航時にまで遡る．幕末には函館に写真師田本研造が登場し，土方歳三の肖像写真など，多くの写真記録が残されるようになった．通常の写真に加え，人物や建物，風景パノラマ写真などが撮影されていた．古写真のほかに函館市中央図書館が収蔵するコレクションには，絵葉書，古文書，古地図，絵画，新聞，雑誌，商業ポスターなどがあり，さまざまな形態の地域の歴史を語るうえで重要な資料が，収集され保管されてきた．

5.2.2 函館圏地域デジタルアーカイブ

前項で述べたように，函館市と周辺地域を含むエリア（以下，函館圏と呼ぶ）には，函館コレクションと呼ぶべき歴史文化資料が残されている．これらの資料のデジタルアーカイブを構築するため，それぞれの性質に基づいて分類し，対応を考えることにした．

一口にデジタルアーカイブといっても以下の三つのクラスに分類される[2]．

(1) すでにアーカイブされた資料のデジタル化
(2) デジタル技術を活用した収蔵物のアーカイブ
(3) デジタルデータを収集対象としたアーカイブ

　我々は，函館市中央図書館の資料について(1)(2)を推進するとともに，将来に向け現在の函館の記録を残すために，独自に(3)の取組みも進めている．(1)，(2)については，「函館市中央図書館デジタル資料館」としてウェブによる公開を行っている（図5.1）．2014年までの公開状況は表5.1のとおりである．代表的な資料の古写真や古地図，絵葉書などが活発に利用されている（図5.2, 図5.3）．
　このように資料の公開を行うことで，地域に集積されていた文化財の顕在化を図ることができ，観光コンテンツの素材として関係者に意識してもらう活動が進

図5.1 函館市中央図書館デジタル資料館

図5.2 函館のパノラマ写真（明治25年）

図5.3 箱館真景（慶応4年）

表5.1 デジタル資料館で公開中の資料・画像枚数[4]（2014年10月22日現在）

資料形態	資料点数	画像枚数 公開	画像枚数 館内限定	画像枚数 合計
古文書・地図	1,005	76,791	35	76,826
絵葉書	3,637	15,816	2,173	17,989
ポスター	1,658	1,776	0	1,776
軸装・額装等	17	92	0	92
写真	258	1,468	0	1,468
合計	6,575	95,943	2,208	98,151

められるようになった．歴史的な資料として研究者には知られていても，グラフィックデザイナーなどのコンテンツ制作者にとって知られてはいなかった古写真，古地図や商業ポスターなどは，広告やパッケージ等に地域の性格を表現するための新鮮な素材になってきている．本書6章の著者である木村は，これらのデジタルデータを素材としてコラージュしてデザインすることにより，催事に関する情報の積極的な発信を行っている．

5.3 デジタルアーカイブの観光情報への利用

ただし，デジタルアーカイブそれ自体によって観光客数が急激に増加するような，そのような甘いことは起きないものである．観光客が直接デジタルアーカイブを利用することは稀だからである．むしろ，アーカイブ構築者が熱心に普及活動をすることで，地域の観光関係者がデジタルアーカイブの中に含まれている地域の歴史や自然，美術品などの情報から地域の魅力を発見することにより，それを観光の充実に役立てることが起こってくる．先の木村の例は，地域にとってのパイロットスタディの役割を果たしている．

ここでは，函館で著者らが進めている函館圏地域デジタルアーカイブプロジェクトが観光に影響を与えた事例をいくつか紹介したい．

5.3.1 デジタル資料の出版物・放送・イベントでの活用

そもそも，貴重な資料はデジタル画像に変換するだけで活用の範囲が大きく広がる．文書や絵図，写真等については，スキャナやカメラによるデジタル化を行っ

てあれば，図書館，博物館等での利用手続きがきわめて楽だからである．

　一般に貴重な資料の利用は館内閲覧に限られており，利用者は実物を限られた時間の中で調査しなければいけない．デジタル化以前の収蔵物情報は，目録としてテキスト情報が提供されているだけなので，文字情報から内容を推測して閲覧するため，目的の資料を見つけるまでが非効率であった．それに対しデジタルアーカイブでは画像データが公開されているため，これに基づいて，あらかじめ内容の事前調査を行って関連するものだけを抽出しておき，原資料調査が必要な場合にだけ当たればよく，効率的である．また，貸出し手続きを考えても，実作業で数百〜数千件の資料を館内閲覧することは困難であるが，資料画像のウェブ閲覧や館内端末を介したデジタル画像のブラウジングであれば，問題なく対応することが可能である．

　函館市中央図書館デジタル資料館[3]の運用開始後は，ウェブや館内端末で資料の事前調査をする利用者がほとんどで，そのうえでさらなる調査が必要な場合は，函館市中央図書館カウンターを通じて資料の現物調査を行うケースが多い．加えて，印刷・出版等のための画像データの提供もデジタルデータの貸与ですむため，管理業務の大幅な効率化が図られている．このように，資料利用のハードルが低くなった結果として，函館を紹介する雑誌記事の中での古地図・古写真資料の利用が飛躍的に増え，記事の内容の充実にもつながってきている．

　デジタル資料の活用例としては，書籍，観光パンフレット，観光案内表示，会報，会議資料，その他のイベント案内ポスターなどへの画像データの提供が多い．明治期の函館の街並みを記録した写真や，鳥瞰図風に描いた函館の錦絵などがよく利用されている．テレビ番組での写真の活用も非常に頻度が高い．函館市中央図書館によれば，平成23年度の資料の使用許可件数は330件で，書籍への掲載が86件で最も多いが，雑誌掲載が46件，テレビ・映画等での利用が47件，その他ウェブ等での広報利用が46件に上っている．雑誌は歴史関係のものが多いが，JRの広報誌，観光情報誌なども含まれている．最近では「歴史散歩」がブームになっており，歴史散策マップなどの制作を通じた観光客への情報提供が増えているようである．

　また，古地図を利用したカレンダーが毎年制作されていて（図5.4），函館らしい歴史的な雰囲気を演出するためにも役立てられている．そのほか，大手コーヒーショップチェーンの店舗に古写真が利用されるケースや，お土産品のパッケージ

図5.4 古地図を利用したカレンダー

や包装紙に利用される事例も現れてきている．最近ではAR技術を応用した観光コンテンツ開発[4][5]も進められているが，これについては他の章で紹介されているので，そちらをご覧いただきたい．

5.3.2 高精細画像記録とその観光応用

次に，収蔵物以外の文化財を新たに高精細撮影する取組みを紹介する．屏風や大型絵画，建造物内部などの場合，デジタルカメラを特殊な撮影台に装着して被写体の分割撮影を行い，パノラマ画像処理によって合成する方法が有効である．これにより，被写体を通常のデジタルカメラの数倍から数十倍に拡大しても鑑賞できる画像が得られる．得られた画像データは，作品の複製にも十分活用できる．

たとえば，民間が運営する旧相馬邸（函館市元町）では，現在，小玉貞良の描いた江差屏風の複製が展示されている（図5.5）．これは，所有者の依頼で著者らが高精細撮影を行い，地域の表装業者と共同で複製の屏風に仕立てたものである．これにより，貴重な原資料を劣化させることなく，一年を通じて屏風に描かれた江戸時代の江差の街並みや風俗を観光客が鑑賞することができるようになった．このような要望が多いため，現在では図5.6の撮影補助具を開発し，撮影精度を向上させると同時に効率化を図っている．

また国華山高龍寺（函館市船見町）では，年に一度，松前藩の家老であり画家であった蠣崎波響が描いた釈迦涅槃図（図5.7）を公開してきたが，原本の劣化を避けるため，現在は著者らが撮影した高精細撮影画像に基づく複製が展示されてい

図5.5 江差屏風

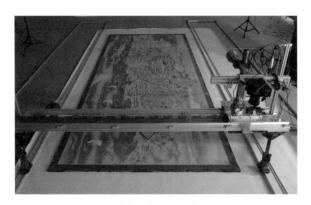

図5.6 撮影補助具

る．この作品は幅1.4m，高さ3mの大型の掛け軸二幅対からなり，絹本（絹布に描かれたもの）の糸の一本一本と同程度の線幅で描かれた細密な絵画であるため，全体を1300分割して撮影し，ソフトウェア合成で1枚の精細画像に貼り合わせている．スキャナと同程度の高解像度で記録することで，描画法などの美術史研究にも役立つ記録画像として活用されている[5]．このようにして得られた高精細画像は，文化財の複製に利用するだけでなく，ズーム型画像インタフェースを介してウェブ経由でも提供されており，利用者のインターネット環境でも十分に全体像から細部までをくまなく鑑賞し，調査研究ができるようになっている．

　また別な例では，函館華僑総会の了解を得て，約100年前に創建された日本国

図5.7 釈迦涅槃図

図5.8 函館中華会館の関帝壇

内最古の中華会館建築である函館中華会館(函館市大町)の関帝壇を,高精細パノラマ写真として記録した(図5.8).関帝壇の場合,近距離撮影に限られるため,奥行きにともなうピントのぼけが発生する.そのため,多段階の距離にピントを合

わせた複数の画像からピントの合っている画像領域を合成（フォーカススタッキング）したのち貼り合わせることで，高精細化を行っている．これにより，壇の意匠や細部の加工の様子を細かく観察できるようになる．華僑文化に対する理解が広がるきっかけとなった．

このように，地域の人々にとっては見慣れたはずの文化財でも，高精細な撮影を行い，細部に描かれた時代の風俗描写や絵画や工芸品の詳細な技法を観察することで新たな興味が触発され，新しい魅力が生まれてくることにも注目する必要があるだろう．

5.3.3 拡張現実感を利用した観光情報サービス

最後に，2011年から鈴木らによって進められている，古写真を利用した拡張現実感用コンテンツ制作プロジェクトを紹介する[6]．このプロジェクトでは携帯情報端末で得られるGPS情報をもとに，観光のための情報提供サービス（図5.9）を行っており，コンテンツには函館圏地域デジタルアーカイブの古写真データを利用しているのが特徴である．

図5.9 古写真の利用例（古写真は函館市中央図書館蔵）

5.4 アーカイブを活用する観光デザイン

これまで述べてきたように,地域デジタルアーカイブには地域の歴史や文化財の魅力を顕在化させる働きがある.そして,研究資料であるデジタルアーカイブの収蔵データに印刷に堪えられるクオリティを持たせてあれば,そのまま観光情報にも転用できることになる.

2014年に函館において開催された五稜郭築造150年祭では,函館リトファスゾイレ(円筒形掲示塔)が市内各所に設置された(図5.10).リトファスゾイレとは大型の円柱の表面に,写真や図解,説明文などで構成される観光情報をデザインしたものである.このデザインに用いられた人物写真,建造物写真の多くは著者らがデジタル化作業を行ったもので,ここでも,地域デジタルアーカイブが素材のデータベースとして活用されている.

観光とはその地に行かなければできないことを核にしてデザインされた一連の体験のことである.とすれば,どんなに優れた情報提供手段があっても,良い体験をデザインできなければ良い観光とは言えない.一方で,ありふれた風景でもその一部に注目してみることで歴史や文化が目前に迫ってくるかもしれないし,過去のデータを重ねあわせることで,なじみのある風景から意外な事実を読み解く

図5.10 函館リトファスゾイレ

ことができるかもしれない．地域デジタルアーカイブは，そのような新たな体験を創造するための素材を提供してくれるものである．

　事例として取り上げた函館は観光都市であるから，地域アーカイブの資料に観光とかかわりが深いものが含まれるのは当然なのだが，地域の観光に関わる人たちが初めて見る資料が大半であったことは予想外で，多くの未開発の体験がアーカイブの中に眠っているのだろうと思われた．だからこそ，歴史・文化財資料をデジタル化し歴史・文化の記録を顕在化することで，リッチな観光のデザインが実現できるのではないだろうかと考えている．

5章
章末問題

問題1 あなたの住む地域について，将来，観光コンテンツになりうる対象を一つ想定して，デジタルアーカイブを構築する計画を立てなさい．計画には以下の項目を含むこと．

 (1) アーカイブの対象は何で，誰が所有し，どのくらいの件数が存在するか
 (2) どのような方式・仕様でデジタル化を行うか
 (3) 開始後3年分の年次計画
 (4) デジタル化を行う組織のメンバー構成と発生する費用の概算
 (5) 観光コンテンツとしてこのアーカイブを利用する方法

問題2 あなたの住む地域に保存されている文化財1件について，高解像度で画像撮影を行う計画を立てなさい．計画には以下の項目を含むこと．

 (1) 撮影対象の名称と所有者
 (2) 文化財の性質
 (3) 想定される撮影方法（撮影条件，撮影場所など）
 (4) 観光コンテンツとしてこの高解像度画像を利用する方法

参考文献

[1] 川嶋稔夫：都市の記憶と情報技術，『日本バーチャルリアリティ学会誌』，Vol.16, No.4, pp.186-193(2011).
[2] 笠羽晴夫：『デジタルアーカイブの構築と運用』，水曜社(2004).
[3] 函館市中央図書館デジタル資料館.
http://www.lib-hkd.jp/digital/(2015年3月31日現在)
[4] 奥野拓，高橋正輝，山田亜美，川嶋稔夫：地域デジタルアーカイブCMSの構築と歴史資料のLOD化による活用，『情報処理学会じんもんこん2014論文集』，pp.199-206(2014).
[5] 岡本祐美(執筆)，川嶋稔夫(画像提供)：蠣崎波響筆釈迦涅槃図，『國華』，第1398號，國華社(朝日新聞出版)(2012).
[6] 鈴木昭二，橋本真一，布村重樹：観光の楽しみを広げる拡張現実感用コンテンツ制作の試み，『情報処理学会デジタルプラクティス』，Vol.3, No.4(2012).
[7] junaio. http://www.junaio.com/(2015年3月31日現在)
[8] デジタルアーカイブ推進協議会：デジタルアーカイブ白書2005(2005).
[9] 長井暁：世界の映像アーカイブの現状と課題，放送研究と調査，No.3, pp.46-59(2008).

6章
観光情報とデザイン

　観光情報とデザインには，一見きわめて多様な現れがあるように見られるが，この章では，主にPR（public relations）とナビゲーション（navigation）におけるデザインの役割について，述べてみたいと思う．なぜなら，ユーザが観光行動を起こそうとする動因にはPRが強い影響を及ぼし，観光計画を立案し空間移動をして，快適に現地に到着し観光回遊を行うためには，さまざまなナビゲーションを利用することになるからである．デザインはいずれにおいても，これらを構成する重要な要素を設計している．特に，良好なビジュアルイメージの醸成や，ピクトグラム（絵文字）[1]を用いた各種案内標識によるサイン計画の立案等で，活用されている．

　これまで著者らは，観光を主産業とする函館市において，多様な媒体を用いたメディアミックスと呼ばれるPR手法やナビゲーションの整備に関わる機会に恵まれた．これは，5章で川嶋が述べたようなデジタルアーカイブを用いた観光振興手法のデザインの実践の場でもあったことから，これらの経験を踏まえて，本章ではまず観光情報とデザインの関係について論じ，最後にナビゲーションの具体的なデザインの取組みについて述べてみる．

6.1　PRとナビゲーション

　PRとナビゲーションにおけるデザインの有用性が広く知られる発端になったのは，1964年の東京オリンピック[2]とそれに続く1970年の大阪万博である．オリンピック史上初めてとされるシンボルマークを用いたポスターなどの印刷物に加え，ピクトグラムの採用による案内標識と，運用のためのデザインマニュアル

の開発は，多種多様な文化的背景を持つ国際的な来場者・参加者が，祭典らしい高揚感に包まれながら快適に会場内や会場間を移動することを支えた．以降，国体のような大規模なスポーツ大会や文化イベント，祭にも同様の手法が採用され，全国に普及することになる．また，東京オリンピックの開催に合わせて整備が進んだ高速道路や新幹線において，標準化（JISやISOへの登録）が進められたピクトグラムが認知され，1962年に閣議決定された「全国総合開発計画」に後押しされ，「地域間の均衡ある発展」を旗印とした道路や港湾等々の整備の進捗に伴い広く普及し，ナビゲーションに関わるサイン計画のデザインに大きな影響を及ぼすことになった．

PRの手法が観光情報の分野に直接的に使われるようになったのは，1978年に，当時の国鉄が和歌山県と共同で行ったデスティネーションキャンペーン（Destination（観光目的地域），Campaign（宣伝））である．PRによって観光客を大規模にデスティネーションへ向かわせる観光行動を起こさせるために活用した事例であり，その空間移動を支えたのは，交通網等の社会資本整備と標準化されたナビゲーションの仕組みだったと言える．

PRは，主に広告代理店がクリエイティブ部門のデザイナーとチームを構成して，対象とするデスティネーションを象徴的に表すシンボルマークやビジュアルイメージ，コピー等を考案するところからデザインされるのが一般的である．もちろん，仙台であれば「杜の都仙台」，金沢であれば「加賀百万石」というような，観光情報の発信における長い年月の中で定着した定番コピーや付随するビジュアルイメージがあるが，新規に観光産業の振興をしようとする場合や既存の観光情報を再構築をする必要性がある場合は，PRに着手する際に，独自にまたは広告代理店のような専門家と組んで作り上げていくことになる．たとえば，函館市はすでに「夜景の街はこだて」として定着しているが，2016年春に開業する新幹線にあわせて，観光情報の中でも特に重要なビジュアルイメージを再構築し，新たな魅力を追加してPRに厚みを出すことが求められており，このような事例が増えている．加えて，観光産業は日本の新たな主要産業となることが期待されているので，2008年に発足した観光庁を先頭に，国内観光客はもとより海外からの観光客を誘致するPRに加え，観光地に誘導し回遊を促すナビゲーションの重要性が喧伝されるわけである．

6.2　PRの再構築と地域デジタルアーカイブ

　PRは，各デスティネーションの特徴や魅力を観光客に伝える機能をもっている一方で，各種媒体上でそれぞれの独自性を伝達しようとする競争を誘発する．5章で川嶋が，地域デジタルアーカイブについて「文化財などの事物のデジタル化が生み出したものは決して小さくなかった．デジタル化によって地域に潜在化していた事物が顕在化して多くの人の目に触れ，人々のインスピレーションが触発され，地域の再発見が進んできたように思える」と指摘した．本節より，これを受けて，デジタル化された文化財を活用し，函館市の観光情報における独自性を目指したPRについて述べていきたい．

　函館市は歴史観光都市であり，これまでにも，歴史資料や古写真，古地図などのアーカイブに，観光の魅力を高めている効果があることは言うまでもないだろう．しかし一方で，多くの文化財は歴史的な資料として研究者には知られていても，グラフィックデザイナー等のPRに関わるコンテンツ制作者には，あまりその存在が知られていない場合が多かった．地域デジタルアーカイブの活用にあたっては多くのコンテンツ制作者がかなりの労力を使って独自性溢れるコンテンツをデザインしていく必要がある．次節以降，著者らが取り組んだ地域デジタルアーカイブを素材としたデザインの実践事例を紹介する．

6.3　デスティネーションにおけるPRの再構築

　川嶋らの構築した函館市の地域デジタルアーカイブは，函館市中央図書館デジタル資料館[3]として一般公開され，書籍，観光パンフレット，観光案内表示，イベント案内ポスター，テレビ番組や映画等に数多く提供され，さかんに活用され広く知られる存在となっている．この状況を受けて，著者らは2009年10月～2010年3月にかけて，地域デジタルアーカイブの本格的な評価を得ることを目的に，「H150函館圏文化芸術活用事業　文化と編纂」を実施した．文化庁と北海道地域文化芸術推進事業実行委員会の協力を得て，産学官が協働して「函館開港150周年」を契機に行ったものである．

著者は，この事業のアートディレクターとグラフィックデザイナーを併任して，PR全般を担当した．メインビジュアルには，地域デジタルアーカイブから蠣崎波響「夷酋列像」や田本研造の古写真，明治期の石版ポスターなどの図像を用いた．川嶋らは，杉浦康平，荒俣宏，宇江佐真理らを「知の巨人」として招き，講演会を実施するとともに地域デジタルアーカイブを閲覧してもらい，再評価を得た．また，収蔵図像を用いた高精細複製パネルを作成して展覧会等を開催した[4]．

これらのPR活動により，新聞・雑誌への掲載が15本，テレビ・ラジオでの放送件数が3本にのぼり，事業への参加者に加え，広く一般の人々にも地域デジタルアーカイブの存在が知られることにつながった．参加者アンケート中のコメント欄には「博物館にあるものの貴重さを知ることができた」，「新たな視点で博物館や図書館を見ることができた」などの記述があり，事業を通じて函館市のデスティネーションの再発見が起こっていることを確かめることができた．

6.4 地域デジタルアーカイブによるデスティネーションキャンペーン

6.4.1 五稜郭築造150年祭の統一的なデザインの設計とPR

以下では，函館において2014年度に官民一体となって取り組んだ観光産業振興に関わる地域デジタルアーカイブの利用事例を紹介する．

函館を代表する観光地として，また，重要な文化財として著名な五稜郭の築造から150年目を迎える事から，全市的な取組みとして「五稜郭築造150年祭」が企画された[5]．実施にあたりシンボルマークの募集が行われ，著者の研究室のデザイン案が採択され，著者が同祭の統一的なデザインの設計にあたる事となった．そのコンセプトは，地域デジタルアーカイブを活用して街歩き型観光を楽しみながら，五稜郭築造時に前後する函館の歴史を体感できるようにする，というものである．いわば，ミュージアムの資料を街に出す仕組みを作り，長崎さるく以来注目を集めている「まち歩き観光」を楽しんでもらおうという狙いである．

採択された五稜郭築造150年祭シンボルマークは図6.1の通りである．五稜郭のシルエットを150個あしらい，全体として北を示すコンパスを意味している．シンボルマークの中心に1個分の空白を開け，151年目に相当する1個を函館市

民自らがはめ込むことを促し,五稜郭の未来を築いていくことを象徴的に表した.

このシンボルマークを手がかりに,先に示したコンセプトが同祭に関連した事業全体のイメージとなるようデザインの統一を計るため,Visual Identity手法(以下,VI)を導入した.この手法はデスティネーションキャンペーンで一般的に行われるものである.VIとは,シンボルマークを法人等が製造もしくは所有する人工物に掲出し,イメージの統一を図るデザインの設計手法の一つである.今回は,同祭の実行委員会内にデザイン制作部会を設置し,著者がVIの運用責任者であるアートディレクターとなり,全体のデザイン監修を行った.

6.4.2 メディアミックス

メディアミックスとは,デスティネーションキャンペーンで用いられるPRの一つで,VIでデザインの統一性を図りながら,マスメディアやグラフィックメディア(ポスター,チラシ等の印刷物各種)や各種ノベルティ(グッズ,旅行商品,イベント等を含む)を用いて,観光情報を広範囲にわたって宣伝する手法のことである.著者が最初に着手したのは,ポスター(図6.2)や街路灯に掲出するフラッグ(図6.3)等々である.ポスターにはシンボルマークをあしらい,五稜郭築造時の設計図面をレイアウトし,シンボルカラーの紫色を全面に用いた.フラッグも同様のデザインとし,主要駅のJR函館駅から五稜郭に至る主要経路にある街路灯に,

図6.1 シンボルマーク

図6.2 ポスター

図6.3 フラッグ

図 6.4
サッポロクラシック
五稜郭築造 150 年祭缶
（サッポロビール）

図 6.5
五稜郭築造 150 年祭記念
路面電車用 1 日乗車券
（函館市企業局）

図 6.6
五稜郭築造と
箱館戦争展ポスター
（市立函館博物館）

観光客の誘導を図る事を目的に，イメージが途切れる事のないように連続して掲出した．

また，各種のノベルティへの活用を図った．代表的なものとして，発売地を限定したビール缶（図 6.4）や，まち歩き型観光を楽しむ観光客が良く利用する路面電車用 1 日乗車券（図 6.5）にも展開した．この 1 日乗車券は同祭が本格化した 2014 年 6 月の 1 ヶ月間で 5085 枚を売り上げている．

こうした各種媒体への展開が，マスメディアへの同祭に関連した記事の掲載やテレビ番組での紹介へとつながった．また，まち歩き型観光ツアーの企画と発売，関連イベントの開催へと連鎖していった．加えて，市立函館博物館において，同祭の歴史的な側面を通観する事を目的とした「五稜郭築造と箱館戦争展」が開催された．同展のポスターも，もちろん同様のデザインを採用した（図 6.6）．メディアミックスで目指していた，ポスターやチラシ等の宣材配布や街頭への掲示，街路灯へのフラッグの掲出，公共交通機関への掲出を含む多種な媒体を用いた宣伝・広報を実施し，同祭が函館市における官民一体のイベントであることを市民や観光客に印象づけることを試みたわけである．

6.4.3 地域アーカイブを街に出す試み

　メディアミックスによって醸成されたまち歩き観光への興味関心を地域デジタルアーカイブの活用に結びつける試みとして，リトファスゾイレ（円筒形掲示塔）の制作と設置を行った．先に紹介したように，函館市には「函館市中央図書館デジタル資料館」があり，函館の歴史をデジタル化されたドキュメントや写真で通観できる体制ができている．東京大学総合研究博物館では，モバイルミュージアムと称して収集・研究成果を博物館外に持ち出し，店舗や企業のエントランスホール等で展示する試みを行っている．これは，いわばミュージアム資料を一般市民に最も近い場所まで出前し，閲覧する仕組みである．現物展示を主とするこの方法はインパクトがあり，注目を集めている．

　本項で紹介するのは，上で示したような「ミュージアムを街に出す」方法の一つである．異なる点は，地域デジタルアーカイブが有するドキュメントや写真を用いて，長期間に渡り（2014年4月26日から2015年2月28日まで）屋外に置き，掲載コンテンツと関連の深い場所に設置しているところである．加えて，市立函館博物館の「五稜郭築造と箱館戦争展」と併催して，原資料の理解を促す為の現物を展示解説したり，市立函館博物館内の情報ブースと称する展示ケース内で，次項に示す市内各所に設置されたリトファスゾイレのミニチュアと掲出コンテンツを手にとって見ることができるようにして，現地への回遊を促す試みも行っている（図6.7）．

図6.7　情報ブースのミニチュアリトファスゾイレの展示（市立函館博物館）

6.4.4 リトファスゾイレの制作

リトファスゾイレは企業・団体の協賛金によって制作されている．プロデューサーには，同祭実行委員会の事務局長の中野晋があたり，ドキュメントの編集には，岸甫一（はこだて外国人居留地研究会会長），清水憲朔（同副会長），田原良信（箱館奉行所館長），木村朋希（五稜郭タワー企画室長）が，グラフィックデザインには渡部真証（クリエイティブエージェンシー スタイルシックス）らが，施工には三好紀行（コジマ店装）らがあたった．

内容は，土方歳三，榎本武揚ら，開港場として発展し，幕末期には動乱の舞台となった函館にゆかりの人物の肖像写真や絵画をメインビジュアルとして，関連の事象を全部で30本のリトファスゾイレにレイアウトした．各リトファスゾイレは，たとえば初代箱館奉行の竹内下野守保徳であれば，五稜郭内の復元された箱館奉行所に，というように，ゆかりのある場所に設置していった．サイズは高さ2500mm，直径は700mm，800mm，900mmの3種とし，紙製のボイド管（鉄筋を入れてコンクリートを打設する建築資材）を用い，雨対策のために上部をプラスチック製のキャップで閉じ，屋外の場合はコンクリート土台を施工して固定し，室内の場合は土台に重りを起き倒壊防止を図った（図6.8，図6.9，図6.10）．デザインにあたっては，6.4.1項でも示したように，同祭としてのデザイン的な統一感を作るために，シンボルマークとシンボルカラーの紫と赤のラインを用いている．また，30本が函館市内17カ所に点在しているため，設置場所を示した地図も

図6.8 箱館奉行所前のリトファスゾイレ

図6.9 リトファスゾイレの背面は解説面

図6.10 リトファスゾイレのレイアウト例

6.4 地域デジタルアーカイブによるデスティネーションキャンペーン

図6.11 リトファスゾイレの設置場所案内地図

制作し(図6.11)観光客のまち歩き観光を促す工夫を施した．

　以上，函館の地域アーカイブを観光振興に結びつけるメディアミックスと，VIというデザイン手法を組み合わせた試みを通じてミュージアムが街に出る仕組みの構築を行った事について，具体的な事例を紹介した．対象とした，まち歩き型観光者の増加を示す値とみなされている路面電車の1日乗車券の販売数が前年に比べて伸びており，一定程度の効果が裏づけられている．

6.5 ナビゲーション

　観光客は，観光計画を立案し空間移動をして，快適に現地に到着し，さまざまな観光回遊を行うために，さまざまなナビゲーションを利用する．現在では，車載のカーナビゲーションや歩行時に用いる携帯端末で閲覧する電子地図を使うことが一般化しているが，ここでは，道路や街角で掲出されている常設の標識によるナビゲーションについて述べる．特に，行政の担当部局がインフラとして設置する

ものを対象とする.

　こうしたナビゲーションは，6.1節でも述べたように，JISやISOで使用が推奨されているピクトグラムをベースに，国土交通省が示している「観光活性化標識ガイドライン」[6]，「公共交通機関における外国語等による情報提供処置ガイドライン　外国人がひとり歩きできる公共交通の実現に向けて」[7]や，「観光地が取り組む効果的な観光情報提供のための資料集」[8]等で，その標準的なデザインの指針が示されている．その中で重要なのは，観光情報が商業広告と案内の両面の機能を持って観光客の視点に立った場合に，案内の機能を果たす観光情報が第一に必要で，それには，(1)目的地への方向や距離等の位置情報案内に関する情報と，(2)観光資源の概要等の位置案内以外の情報とがある，という指摘である．

　観光者の来訪目的は，各デスティネーションの観光資源や風景・風土・文化・文化財等に触れることであり，ナビゲーションはそれを支援するためのデザインであることが重要である．中でも案内標識は，誰もが常時現地で使えることが最大の特徴であり，位置が確認しやすい等の利点をもつものの，提供できる情報量が限定されている．そのため，案内標識は現在地を同定する位置情報を中心に，多種多様な文化的背景を持つ国内・国外からの観光客に，共通の基本的な情報をわかりやすく表示することが求められる．なお，案内標識は「指示標識」「同定標識」「図解標識」に分類されており，目的に応じて使い分けられる．案内標識は，観光客の視点を重視しながら，訪れる数が多い観光資源や観光案内所，トイレ等，観光地の特性や観光情報にあわせてデザインすることが必要になる．

　そのため，先に挙げた「観光活性化標識ガイドライン」の中で，以下のようなデザインの指針を基本方針として示している．

(1) メディア相互の補完：メディア間で内容や表示方法について整合をはかり，役割を分担し相互補完して，観光情報を効率よく提供することが必要である．
(2) 地域特性に応じた観光情報の提供：地域の自然や人口構造物固有のランドマークを現在位置の確認等に活用することも有効である．
(3) 一貫した案内：観光地全体の案内を考え，情報内容やその表示方法の整合，設置位置の調整等，異なる設置主体が設置した案内標識でも一貫したわかりやすい案内になるよう，デザインの連携・調整を行う．

(4) ユニバーサルデザインの考え方の導入：案内標識の整備においては，誰もが使いやすいユニバーサルデザインの考え方を導入する．実際に誰もが使いやすいかどうかの検証実験を行うなどの十分な検討をした上で，画一的な処置ではなく，個別の実施効果を検討した上で対応を行うべきである．

(5) 案内標識の顕在化：乱立する多数の標識等によって観光客が必要とする案内標識を見つけづらい地域では，さまざまな屋外広告物の規制や民間標識を含めた案内標識の集約化等により，案内標識を顕在化させる必要がある．さらに，情報コーナーを示すピクトグラムの掲出も有効である．

紙幅の関係で，詳細な推奨値や具体的なデザインプロセスは述べないが，交通エコロジー・モビリティ財団著『ひと目でわかるシンボルサイン』[9]には，標準案内用図記号のデータが同封されており，利用できるようになっている．詳細な使用方法についても十分に記載されているので，参考にすることを推奨する．

また，各デスティネーションにおける具体的な案内標識の設計と施工についての指針を示している事例として，本書の著者の一人である松原らが函館市で作成した『函館市歩行者用案内標識整備計画書』[10]を示しておく．2010年2月に，国が示したガイドラインに準拠して策定されたもので，整備計画の基本方針を示した上で，目的，基本方針，試験設置とアンケート調査の検証を行い，案内標識の基本デザインを示し，整備する案内標識の種類，個別の本体デザイン（地図標識・誘導標識），表記の内容とデザイン（地図標識・誘導標識）を全て掲載している．函館市内の主要な三つの観光エリアを示し，その案内標識の配置計画の基本的な考え方を踏まえ，個別に，(1) 西部地区の配置計画（地図標識・誘導標識），(2) 五稜郭地区の配置計画（地図標識・誘導標識），(3) 湯川地区の配置計画（地図標識・誘導標識）について詳細に述べ，整備スケジュールや計画設置基数の内訳，そして全体の計画整備期間，維持管理方針，点検および補修方法がまとめられている．現在，この整備計画が順調に施工されており，2015年度中に新幹線が開通するまでには，計画が完了する予定である．

こうした整備計画は各地で行われており，新たに取り組む場合の先行事例として有益である．各自治体の取組みについてはウェブサイトで公開されているので，一読することを推奨する．

6章
章末問題

問題1 地域の観光キャンペーンについて調べ,どのようなVI手法を展開しているのかを広報紙,ポスターやチラシ,ウェブサイト等の各種メディアを対象にして考察しなさい.

・・・

参考文献

[1] 太田幸夫:『ピクトグラム＜絵文字＞デザイン』,柏書房(1993).
[2] 東京国立近代美術館:東京オリンピック1964デザインプロジェクト(2013).
[3] 函館市中央図書館デジタル資料館.
http://www.lib-hkd.jp/digital/(2015年3月31日現在)
[4] 川嶋稔夫:H150函館圏文化芸術活用事業実施報告書 文化と編纂(2010).
[5] 五稜郭築造150年祭実行委員会. http://goryokaku150.com/(2015年3月31日現在)
[6] 国土交通省:観光活性化標識ガイドライン(2005).
http://www.mlit.go.jp/common/ 000059348.pdf(2015年3月31日現在)
[7] 国土交通省:公共交通機関における外国語等による情報提供処置ガイドライン 外国人がひとり歩きできる公共交通の実現に向けて(2008).
http://www.mlit.go.jp/common/000059338.pdf(2015年3月31日現在)
[8] 国土交通省:観光地が取り組む効果的な観光情報提供のための資料集(2006).
http://www.mlit.go.jp/sogoseisaku/region/kankojoho/all.pdf(2015年3月31日現在)
[9] 交通エコロジー・モビリティ財団:『ひと目でわかるシンボルサイン』,大成出版社(2002).
[10] 函館市歩行者用案内標識整備協議会:函館市歩行者用案内標識整備計画書(2010).
https://www.city.hakodate.hokkaido.jp/docs/2014012201179/files/seibikeikaku.pdf
(2015年3月31日現在)

7章
ユーザ参加による情報構築と価値共創

本章では、情報行動の変化がもたらす観光情報行動への影響を述べる。消費行動モデルのAIDMA型からAISAS型へのシフトは、Web2.0時代の特徴である2種類の価値共創と集合知が生み出すネット上の諸活動を作り上げた。7.7節以降では、インターネット上の諸活動が類型化されるとともに、価値共創が生み出している新たな観光現象、聖地巡礼やジオキャッシング等に関して述べる。

7.1 観光消費行動と情報行動

一般的に、観光業とは観光に関連する産業全体を指す名称であるが、日本標準産業分類では業種として分類されていないのが実状である。その理由は、観光業を狭義に取れば旅行代理店や宿泊業となるが、広義に取れば観光に関連する消費行動全般に及び、広すぎるという問題点による。

観光に関連する産業は、たとえば、航空、鉄道、バス、タクシー等の運輸業、名産品やお土産品の製造・販売業といった業種に留まらず、地元の飲食業や製造業、地元の第一次産業、市町村等の自治体にも及ぶ。また、全国的に盛り上がる観光による地域振興でしばしば語られるのは、地元の第一次産業×第二次産業×第三次産業の相乗効果による六次産業としての観光という問題提起である。ここまで行くと、観光は第一次産業から第三次産業の全てに関わる現象、もしくは消費活動ということになる。観光業が分類化されず、学問対象として扱いにくい理由がここにある。

マスツーリズムの時代から現代の個人旅行（FIT: Free Individual Travel）と呼

ばれる個人型旅行家に至るまで，観光目的地選定のための動機づけの最大要因の一つは，昔も今もメディアの影響力である[*1][1]．古くは四大マスメディア（新聞，雑誌，ラジオ，テレビ）が大きな力を有していたが，最近ではインターネット上やリアルな人間関係からの「口コミ」が力を増してきている．このようなメディアの影響力変化に伴い，観光消費者の行動や，それを受ける観光事業者の戦略も大きく変わりつつあるのが現状である．特に，現代の観光消費行動におけるインターネット上の情報行動変化の重要性は，多くの研究者が取り組む最重要課題の一つでもある．

　次節からは，以上のような現状を踏まえ，メディア環境の激変期にある「消費者＝ネットユーザ」の情報行動論を概観する．また，このような情報行動の変化がもたらす観光行動の変化を論じつつ，現代における「観光情報行動論」の一側面を概観する．現代における観光のための情報行動は，インターネット上の全てのサービスに分散し，分かち難く浸透している．前述した観光業の業種分類の困難さはインターネット上でも繰り返されているのである．現代における観光領域の消費行動は，インターネット上の情報行動と最大限にクロスし，「観光情報消費行動」という概念が重要となっている．以下，近年のネット上の情報行動の概観から入ることにする．

7.2　Web2.0時代と情報行動

　インターネット世界に最初にWorld Wide Web（以下，ウェブ）が登場したのは，1990年代初頭である．その後，1990年代後半にはすでに一般ユーザにまで浸透し，商業化利用隆盛の時代を迎える．この当時のウェブは，文字や画像，マルチメディアコンテンツが，ハイパーテキストの特徴を生かして他のウェブとリンクで結ばれていたものの，ウェブ情報をユーザが一方的に閲覧する「一方向モデル」に相応しいサービスであった（図7.3を参照）．この時代の検索エンジンはディレ

---

*1　メディアが作る観光地のイメージは，観光消費者にまなざしを作り，観光消費者は，観光地評価を行いながらまなざしを再生産している．観光とメディアの関係は，章末参考文献の一連の著作を参照のこと．

クトリ型であり，ウェブが1件ずつ手作業で分類されていた．このような時代を経て，2004年ごろから新しい考え方に基づいたウェブの時代を迎え，現在をも含んだ潮流をWeb2.0と呼んでいる．Web2.0という名称を提唱したのはTim O'Reillyであるが，彼自身によるWeb2.0の機能要件説明は，現象と技術の説明が入り混じり，その革新性は上手く伝わっていない[*2][2]．しかしながら，Web2.0の世界は技術的な革新だけに留まらず，消費者に質的な大変貌をもたらし，一般消費者の消費行動，さらには観光情報消費行動をも革新的に変化させた．次節以降では，この激変ぶりを「集合知」と「価値共創」という二つの概念を軸に，観光情報消費者の観点から概観していくことにする．

7.3 CGMとUGC

　Web2.0時代の幕開けと前後して，真っ先に変化の兆候を現したのはインターネットのユーザであった．Tim O'ReillyもWeb2.0の7要件中に「ユーザ参加」を挙げているが，本格的なユーザ参加の前に，ユーザは情報発信を始める．Web2.0以前のユーザは，受動的にウェブ情報を享受する受動的ユーザであった．しかしながら，ブログという情報発信ツールの誕生により，ネット上の受動的ユーザは能動的ユーザに変貌を遂げる．一方で，世界的なブログの隆盛とは別に，当時，2ちゃんねるや日記ウェブ等，独特の情報発信文化を有している日本の特殊性を唱える評論家も多かった．しかしながら，やがて日本のユーザもブログの世界的浸透に呑み込まれていった．HTMLを知らなくても，気安くネット上に情報発信をするユーザが大量に出現したのである．情報発信と参加，この二つの新たなユーザ特性は，従来の発想とは異なるWeb2.0的サービスを加速させた．ソーシャルネットワーキングサービス（SNS: Social Networking Service），YouTubeやニコニコ動画等の動画配信サービス，Amazon，楽天，価格ドットコムやはてな等のビ

---

*2　Tim O'Reillyは，Web2.0の要件としてフォークソノミ，リッチインターフェイス，ロングテール，ユーザ協調，ユーザ参加，オープンソースソフトウェア，分散志向の7つの機能を挙げている．「Web2.0とは何か？」と題されたサイト[2]は，現在，日本語も含めて8カ国語で閲覧可能である．

ジネスが注目を集めはじめたのもこの時期である．

　これらのサービスは，Tim O'Reillyが「ユーザ参加」と命名した本来的特徴を有している．これらのサービスへのユーザ参加は，その結果として日々ネット上にコンテンツを生産することになるからである．このようなコンテンツ生産性を有したメディアを「消費者生成メディア（CGM: Consumer Generated Media）」[*3]，またそのコンテンツを，消費者が生産したコンテンツという意味で「消費者生成コンテンツ（UGC: User Generated Content）」と呼ぶ．CGMにより増え続けるネット上のUGC，またそのUGCに触発されてCGMに取り込まれる新たなユーザ等々，拡大のスパイラルが加速していった．Web2.0現象は，わずか数年の間にネット上のコンテンツやトラフィックを数十倍に増やし，現在もその増殖は止まっていない．

7.4　AISASモデルと口コミ

　近年の情報環境の変化は，消費者の消費行動をも大きく変貌させた．本節では，インターネット上の消費者のミクロ的側面（心理的側面）からの情報行動に焦点を当ててみる．旧来のマスメディア型と，近年のインターネット型との消費行動モデルの相違がしばしば議論されている．観光領域の情報行動も，このインターネット型モデルで現されるので，両者の比較を通してインターネット上の消費行動の特性を理解してみる．

　旧来のマスメディア型消費行動モデルは，図7.1で示されるAIDMAモデルと

図7.1　AIDMAモデル（出所：[3]をもとに著者作成）

---

*3　CGMはメディアと同時に，メディアにより生成されたコンテンツを指す場合もある．

図7.2 AISASモデル（出所：[3]をもとに著者作成）

呼ばれている．このモデルが成立したのは1920年代の米国であるが，特にテレビの浸透とともに米国よりも日本で広く定着している．消費者は，まず情報に「注目（Attention）」し，自身の要求と合致すると「関心（Interest）」を頂き，この関心が強くなると「欲望（Desire）」を抱く．しかしながら，この欲望だけでは消費のための「行動（Action）」には十分ではなく，強い欲望が複数回繰り返され，「記憶（Memory）」に定着されることにより，AIDMAモデルのフローが流れるというものである．このモデルのポイントは，行動に到る記憶を定着させるには，ある程度の回数の欲望を喚起する必要があるという点にある．この回数とテレビ広告の露出回数の相関を利用し，日本の代理店がビジネスでこのモデルを上手く利用していた側面は否定できないが，日本においては効果的なモデルであったことも事実である．

広告として流れる情報は，情報発信側がある程度内容をコントロールすることが可能なため，成熟した消費者は広告情報にあまり信頼性を見出さないのが最近の傾向である．その結果，マスメディアの広告モデルとして機能してきたAIDMAの信頼性も低下し，新たなモデルの必要性が増していた．そこに登場したのが，ネット型モデルである図7.2のAISASモデルである[3]．AIDMAモデルが情報発信者主導モデルであったとすれば，新たなAISASモデルは，情報受信者主導モデルとも言える．

このモデルの特徴を図7.2で概観してみると，「注目（Attention）」と「関心（Interest）」はAIDMAモデルと同様だが，「行動（Action）」の前後で，「検索（Search）」と「共有（Share）」という，ネット上の情報行動が介在する点が大きく異なる．消費行動の前に，消費者は納得するまでネット上の口コミ（WOM: Word of Mouth）情報を参照検討する．また，消費行動の後では，その商品やサービスの評価を口コミとして発信し，共有を行う．特にネット上の消費者は，商品やサービスを提供す

る事業者側の情報（広告）に信頼性をもたず，毛嫌いする傾向が強い．ネット上の消費者が信頼するのは，自分と同じ消費者の情報（口コミ）である．図7.2から見て取れるように，消費者が「検索」の対象とする情報は，しばしば消費者による評価情報であり，この循環構造がスパイラル的に口コミ情報の量的拡大と質的向上を可能としている．逆に，管理側の視点に立てば，量と質の好循環をもたらす管理手法や技術導入が鍵となる．

　AISASモデルを代表とする消費者の変化に対し，近年のマーケティング手法も大きく変わってきた．注目度が高いイベント，ニュース性の高い出来事等を利用し，消費者にブランドや商品を積極的に口コミさせる「バズマーケティング」，思わず友人等に存在を教えたくなるようなエンタテイメント性の高い情報価値を作り出す「バイラルマーケティング」，口コミ共有コミュニティに影響力の高いオピニオンリーダと積極的な関係構築を図る「インフルエンサマーケティング」等が知られている．しかしながら，このようなマーケティング手法の成功例は存在するものの，このようにすれば必ず成功するという手法は未だ開発されていない．広告出稿量に比例して売上向上が期待できたAIDMAの時代は終わり，AISASの時代は，創意工夫と偶然性が支配する困難な時代なのである．

7.5　口コミ共有と二つの価値共創

　AISAS時代が本格化するにつれ，口コミとともに「価値共創（Value creation）」という概念が一般的になった．そもそもこの概念は，Web2.0以前から経営学においては重要な位置を占めていた．企業マーケティングにおいては，1990年代後半より「リレーションシップマーケティング」という名のもとに，企業と顧客の関係性や相互作用に着目する動きが一般的であったが，この「相互作用」からさらに一歩踏み込んだ「価値共創」という概念に置き換わるのは，2000年以降のことである．

　一般的に，旧来の企業と消費者の関係は図7.3のように一方向モデルとされていた．企業は消費者のニーズを調査し，そのニーズに合わせた商品を消費者に提供する．ニーズ調査はあるものの，商品やサービスを開発するのは企業であり，消費者には「一方向モデル」的に提供される．商品やサービスを情報と置き換えれば，図7.3は，まさにWeb1.0のコミュニケーションモデルでもある．2000年以降

図7.3 一方向モデル

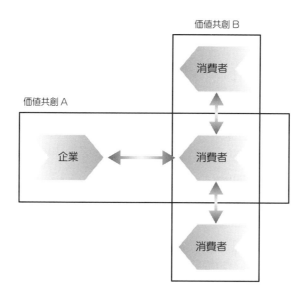

図7.4 二つの価値共創モデル

の企業と消費者の関係は,相互関係という「双方向的モデル」を経て[*4],図7.4でモデル化される二つの「価値共創」に注目が集まる.

図7.4において,価値共創Aは,企業と消費者の双方向性による価値共創である.企業は消費者を巻き込み,自分達の商品やサービスの価値を消費者と共創するのである.価値共創Bは,消費者同士の価値共創である.企業が当初意図した商品やサービスの価値が,価値共創Bにより,上下に変化する可能性もある.この価

[*4] 図7.4における価値共創Aの部分だけを切り取れば「双方向的モデル」となる.

値や評判の上下変化は，企業にとっては脅威となる．図7.4からもわかるように，企業は価値共創Bを間接的にしかコントロールできないからである．このような二つの価値共創はマーケティングだけに留まらず，CSR，リスク，レピュテーション領域まで広がり，2000年以降の企業コミュニケーション活動の一大潮流ともなっている．

　このような企業活動における価値共創モデルは，インターネット上ではさらに洗練され，より顕著なものとなる．価値共創に不可欠な「ユーザ協調」，「ユーザ参加」が，Web2.0の進展と共に，インターネットユーザには加速されているからである．これら2種類の価値共創モデルは，Web2.0的現象を生み出す源泉モデルであり，活用の視点を取れば，ビジネスやサービスのモデルとも言える．活用から生まれるビジネスの詳細は後ほど見ることにして，次節では，価値共創と密接な関係にある，集合知という考え方を概観してみる．

7.6　集合知とは何か

　前節で取り上げた価値共創の「価値」には，具体的にどのようなものがあるだろうか．商品やサービスの価値，アイデアやソフトウェアの価値，ユーザの欲しい情報の価値等々，さまざまな価値が考えられるが，これらの価値を作りあげている「共創」の部分を擬人化すれば，人間の知性にあたることに気づく．価値共創時代とも言えるWeb2.0の時代においては，共創の協力関係にフォーカスした「集合知（Collective Intelligence）」という概念に注目が集まっている．

　そもそも集合知とは，多数のインターネットユーザの参加が作り出す知性のことである．インターネット時代の新しい概念ではないが，かつてLinux開発のコミュニティ分析で語られたりした．ところが，Web2.0時代の開幕とともに，再び脚光を浴びることになる．Linuxの集合知とは異なり，Web2.0の集合知は一般ユーザの参加で作られるのが特色である．一般個人の能力は限定的で制限されている．よって，そこから導かれる帰結は必ずしも正しいとは言えない．集合知は，複数の人々の協調により，その限界を克服することが可能であると考える．つまり，集合知とは，インターネットを介した大多数の知の統計的集約形と言える．

　このような集合知にも問題がないわけではない．集合知は，しばしば極端な選

択を行うことで知られている．社会心理学でいうところの「群集心理」等はその典型であろう．ブログの炎上，サイトの荒らし，極端な排他性による叩き等もその実例である．このように集団がネガティブな行動を取ることなく，集合知として上手く機能するために，Powersは「多様性」，「独立性」，「分散性」，「集約性」という四つの条件を挙げている[4]．これらの条件を大別すれば，参加者の多様性，独立性，分散性を担保する集合知の「生成プロセス」，また，その膨大な情報を集約する「集約プロセス」の二つが必要となる．しばしば，生成プロセスを担保するには，個人側から見ればユーザの意識，運営側から見れば「参加のアーキテクチャ」[*5][5]の適切な設計，また，集約プロセスを担保するには情報フィルタリング等の情報科学を駆使した縮約ツールが鍵となる．

7.7 集合知の活用

　このような集合知現象は実際のインターネット上のサービスでどのように作り上げられ，また活用されているのであろうか．Web2.0の代表的企業であるGoogleの検索エンジンは，PageRankというウェブの被リンク数によるサイトランキング生成方法で知られている．この方法は，まさに集合知の考え方を体現していると言える．被リンク数がそのまま多数の人々による客観的な評価となり，今までの個人の主観的評価とは根本的に異なる評価方法を実現した．また検索エンジン最適化を目指すために検索エンジン・スパムを回避することも可能にしている．

　この節では，集合知と価値共創に関わるインターネット上のビジネスやサービスを取り上げ，その特徴を理解するため二次元空間にプロットしてみる．横軸にはWeb2.0の根幹を形成する「ユーザ参加」と「ユーザの協調」を取り，縦軸には多くのユーザが参加する「全体性」と特定のユーザが参加する「個別性」を取ると，四つの象限から成る図7.5ができあがる．

　右側の第1・2象限は，価値共創による集合知を活用する象限，左側の第3・4象限

---

*5　ユーザがアプリケーションを利用することによってデータが蓄積され，アプリケーションの価値が高まる仕組み．[2]や[5]を参照．

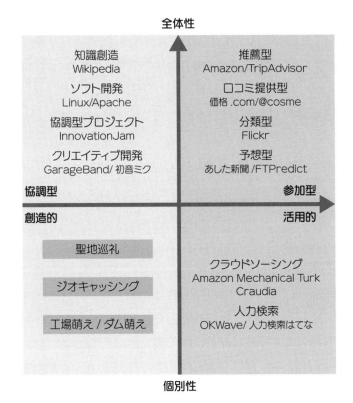

図7.5 Web2.0サービスの類型図

は，価値共創により集合知を創造する象限となる．個別に見ていくと，第1象限は多くのユーザ参加が集合知の妥当性を向上させる象限であり，「推薦型」や「口コミ提供型」のサービスはWeb2.0的集合知活用の代表例であろう．観光領域のサービスも盛んに行われている象限である．第2象限もユーザ参加により成立する象限だが，個別的なソリューションが求められる象限である．ここでのより多くのユーザの参加は，ソリューションの最適ユーザ獲得という形で活用される．

第3象限に関しては，Web2.0的サービスが成立しにくい部分であるが，価値共創コミュニケーションが個別・個人の主観的価値向上を創造する象限として7.8節で詳細な検討を行う．第4象限は，価値共創により集合知を作り上げていく典型的なWeb2.0的創造成果や現象が並んでいる．WikipediaやLinuxはこの第4象

限のサービス・開発である．以下，図7.5の類型項目に関して，その特徴を項目別に概観していくことにする．

・推薦（Recommendation）型

ユーザの過去の消費履歴や検索嗜好等により，ユーザニーズにマッチした商品やサービスを提供する．技術的には「情報フィルタリング」が総称．その一つである協調フィルタリングでは，購買履歴や嗜好の類似したユーザ同士に同じ商品を提示する．また，ユーザが過去に好んだ内容（コンテンツ）を分析して商品を提供するコンテンツベースフィルタリング，ユーザの過去履歴のあるルールに従って商品を提供するルールベースフィルタリングもその仲間である．AmazonやLivedoorグルメ等がその活用代表例だが，TripAdvisor等の宿泊予約サイトや観光地サイトにもこのような情報フィルタリングが使われはじめている．しかし，観光地の推薦にはまだ難しい点も多く，今後の研究進展が期待されている領域である．

・口コミ提供型

商品購入を希望しているユーザに商品評価情報，つまり口コミを提供しているサイト．価格.comのような価格＋商品情報のサイト，@コスメのような製品評価中心サイトもある．観光地評価や宿泊サイトでは，商品評価（観光地・宿泊施設評価）と商品購入（予約）がしばしば連動している．口コミサイトの多くは，上記の情報フィルタリングを取り入れる傾向が強い．その意味では，推薦型との区別がつきにくくなっている．

・分類型（フォークソノミ）

集合知を生かしたナビシステム．ソーシャルタグ（参加者によるコンテンツの分類）を利用しているのが特徴である．これにより，ユーザ評価のナビシステムが実現している．FlickrやYouTubeはこのシステムを利用している代表例である．一つの項目に複数のタグを入れることが可能なため，タグの共起関係を統計的に分析することが可能である．また，タグ分布の包含関係から上下位関係を導く等の工夫により，より精度の高い体系の自動構築が可能になる．しかしながら，カテゴライズ，キーワード，感想等の同種タグ同士の集約が技術的に難しいのが課題であり，今後の研究発展が望まれるホットな領域である．タグの代わりにブック

マークを利用したソーシャルブックマークもこの類型である．ブックマークの共有は，自分の知らなかった新たな価値の発見に繋がる．はてなブックマーク，Googleブックマーク，Firefoxブックマーク，Yahooブックマーク等が代表例だが，観光に特化したブックマークの拡充は，今後期待されるところである．

・予想型

多数の意見が妥当な意見であるという集合知の論理を応用すれば，「多くの人の未来は妥当な未来」という論理ができあがる．この論理をもとに，多数のユーザ予想を集約して記事作成された「未来新聞」や，市場予想を提供するFinancial Timesの「FTPredict」等は有名な例であるが，観光への応用は今後の課題である．

・クラウドソーシング（Crowdsourcing）

アウトソーシングは組織内業務を組織外の専門業者へ外注することだが，クラウドソーシングとは，インターネットを介して一般の人々に業務を依頼するアウトソーシングである．群衆(Crowd)と業務委託(Sourcing)を組み合わせた造語であるが，専門性の高くない業務に対して，安価な人材獲得方法として注目され，今後の拡大が期待されている．代表例としてAmazon Mechanical TurkやCraudia等があるが，デザインやIT系の業務が多い．

・人力検索

質問者の質問に対して，一般のユーザが人力で回答．良い回答にはインセンティブを与える等，サービスが継続するためのインセンティブシステムの考案が継続的運営管理の鍵である．代表的な例にOKWave, 人力検索はてな等がある．観光に関する質問も散見するが，特化したサイトにビジネスモデルはあるのだろうか．今後の研究進展が期待される．

・知識創造

Web2.0において最も成功したサービスの一つに，Wikipediaがある．多くの人々からの知識を集約し，妥当な知識体系を作り上げる試みで，集約システム（Wiki Wiki Web）と管理が上手く機能すれば，妥当な知識が生成されるという代表例である．このWikipediaの知識の妥当性や専門性に関しては，サービス開始以来

多くの議論があったが，英国のEncyclopedia Britannicaとの比較研究も出て[*6][6]，ある程度の評価が落ち着いた．企業や観光地も，しっかりとした記述が記載されるよう，Wikipedia対策が求められはじめている．

・ソフト開発

1991年より始まったLinuxのOS開発が代表例であるが，Web2.0の時代を迎え，その専門家コミュニティの活動には再び注目を集めている．プログラム開発という具体的成果を目標に，世界中に分散している多数の専門家から成るコミュニティの管理は困難を極め，コミュニティ毎に管理方法が異なっているのは興味深い．Linuxコミュニティは創設者Linus Torvaldsが最終的意思決定権を持つ「やさしい独裁者」モデルとして知られ，Apacheはプロジェクト貢献度の高い者による委員会方式モデル，Perlは意思決定者持ち回り任命モデル等さまざまな形がある．

・協調型プロジェクト

あるテーマに沿って多数の意見聴取を行い，問題解決を図る試みは，旧来より存在していたが，Web2.0時代の劇的なコミュニケーションコストの低減や意見集約における技術革新は，旧来の問題解決に革新的変化を与えた．2006年にIBMがアイデア収集に用いたInnovationJamや，2007年の，mixiを活用したエースコック（株）の商品開発等は代表例である．観光領域，観光商品開発との親和性も高いので，今後の進展が期待されている領域である．

・クリエイティブ開発

創造的ツールや参加プラットフォームの提供により，情報交換や作品制作・発表のコミュニティが形成される．Apple Inc.のGarageBand，最近ではクリプトン・フューチャー・メディア（株）が発売したボーカロイドソフト「初音ミク」のコミュニティ等が代表例．初音ミクの場合は音楽制作だけでなく，イラスト，CG，視聴者等を巻き込んだ広範なコミュニティが形成されている点が特異である．観光とクリエイティブの接点は，今後探求されるべき領域であろう．

---

*6　この研究によりWikipediaとEncyclopedia Britannicaの専門性や妥当性の検証が行われている．結果は，ほぼ引き分けと言えるのではなかろうか．

7.8 経験価値と価値共創

　現代という時代は困難な時代である．優良商品やサービスが日常化して散在し，消費者は困難なくアクセス可能である．機能面での差別化が難しい時代とも言える．観光に関しても同様である．国策としての観光政策の進展とともに，日本全国で観光振興，観光による地域振興が叫ばれ，差別化の難しい大競争時代が到来している．このような困難な時代に，経営学領域で「経験価値」と呼ばれる概念が注目を集めている．観光産業やサービス科学との相性も良いこの概念をもとに，現在の観光産業課題と今後の取組方向性を模索してみたい．

　経験価値とは製品やサービスが持つ物質的・金銭的価値とは区別され，その利用経験から得られる心的・感覚的な価値である[7]．また経験価値は，提供者が一方的に送る固定的なものではなく，提供者と受容者の協同による価値共創でもある．この経験価値は，特にサービス提供において顕著であり，両者の相互作用による価値共創がサービス・マーケティングの中核に位置づけられている[8]．観光における最近の傾向として，観光消費者の価値観多様化を背景に，この経験価値から得られる満足や充実感も結果的に多様化している．ただ単に風光明美な有名観光地を巡る時代は終わり，食，歴史，文化，自然，交流等のキーワードで代表されるような，自分自身のテーマが満たされることによる経験価値最大化の観光が求められはじめているのである．

　ここで，経験価値の差別化を最大限に極めた三つの観光スタイルを紹介する．この実例は，全て，ネットコミュニティの価値共創を通して，観光に関する経験価値の最大化が図られているという特徴を有している．

7.8.1 価値共創としての聖地巡礼

　聖地巡礼とは，マンガやアニメ等の熱狂的なファンが，その舞台となった場所を「聖地」と呼び，実際に訪問する行為を言う．本来の宗教的な意味での巡礼や聖地の意味はないが，特別な観光地でもなく，しばしば日常的な場所であるにも関わらず，舞台の場所を熱狂的に特別視する態度からこのような命名になっている点は興味深い．作品に対する読者の特別な思い入れの感情は，その感情を共有する他の読者と共有・交流され，次第にスパイラル状に高められ，作品の舞台地に

特別な主観的経験価値，もしくは経験価値への期待が形成される．その過程は，以下のように説明される．

一部の例外を除き，マンガやアニメがその舞台を作品上に具体的に特定することはあまりない．しかしながら，先鋭的先駆者がその舞台を見つけ出し，インターネット上で「巡礼記」として報告するとそれを見たファンが追随し，再びその報告を行う．このようにインターネット上のコンテンツが再生産されはじめ，コミュニティが形成されはじめる[*7]．

このようなコンテンツからのコミュニティ生成は，図7.4の価値共創Bにしばしば見受けられる現象である．聖地巡礼における価値共創Bの効果は，主観的経験価値もしくは経験価値期待の創造である．図7.5の第3象限は，具体的な知識やソフトの創造でなく，個人的な心理レベルでの経験価値期待の創造を行う象限である．価値多様化時代の観光，経験価値の差別化は，驚くべき細分化と多様化を示し，新たなタイプの観光巡礼者を生み出しているのである．

7.8.2　価値共創としてのジオキャッシング

ジオキャッシング（Geocaching）とは，GPS（Global Positioning System，全地球測位システム）を利用した宝探しゲームである．プレイヤーは，キャッシュ（Cache）と呼ばれる宝の隠し場所の座標を頼りにGPSで宝を捜しに行くという，ルールとしては極めてシンプルな地理ゲームの一種である．本書においても詳細な紹介がなされているので[*8]，ここでは，価値共創の視点からのみ記述する．

世界的な規模で拡大しているジオキャッシングは，米軍の軍人たちがアウトドアスポーツとして広めたという説明には，思わず納得する．ゲームを楽しむためには，米国にあるジオキャッシングの公式サイトで登録する必要がある[10]．やはりこのゲームも，インターネットを介したリアル世界の地理ゲームなのである．サイトでは，キャッシュの位置情報やヒント，過去に行った人の体験記等が掲載され，聖地巡礼同様，図7.4の価値共創Bが盛んに行われている．これらの価値共創コミュニケーションが経験価値期待を高め，目的地に対して主観的な観光地価

[*7]　「巡礼記」という命名と，コンテンツの再生産に関しては，[9]を参照．
[*8]　本書9章9.4節を参照．

値を増大させているのも，聖地巡礼と同様である．ただし，秘かな穴場を目的地としてキャッシュを隠す傾向もあるため，このゲームの穴場があまりにもメジャーになり過ぎると，初期のコアメンバー達が去り，ゲームとしての魅力を半減させるという二律背反的状況を秘めているのも確かである．

　近年では日本語のサイトも充実してきており，日本語だけでジオキャッシングを楽しむことも可能になってきた[11][12]．また，式根島のように，地域振興との連携でこのゲームを活用しようとする動きも見られる．日本の研究者によるジオキャッシングの研究も緒に就いたばかりであり，今後の拡大と研究の進展が期待される分野である．

7.8.3 価値共創で萌える工場，ダム…

　工場に萌える（熱愛する）人々とは，どのような人々なのであろうか．工場萌えの人々は，内部の製造工程を見学する産業観光（工場見学を含む）とは根本的に異なる嗜好を有しており，照明に浮かび上がる工場やコンビナートの重厚な構造美に萌えている人々である．そもそも，一人のイラストレータの個人ブログ「工場萌えな日々」が発端と言われているが，やはり図7.4の価値共創Bによる経験価値向上コミュニケーションが多々観察される[*9]．このようなニーズに対応するかのように，工場地帯を抱える多くの地域がツアーを開始しはじめている[*10]．

　今，インターネットを介したコミュニケーションにより，本来，美しさや主観的な価値向上とは一見無縁と思われていた事物に対して萌える人々が増えている．正確に言えば，潜在的に存在していた人々が，コミュニケーションコストの低いネットワークツールを手に入れ，情報発信を始めたという言い方が正しいかもしれない．少なくとも，消費者同士の価値共創コミュニティ効果により，このような潜在的嗜好を開花している人々が増えているのは確実である．その多様性は工場だけに留まらず，ダム，鉄塔，団地，廃墟，ジャンクション，ガスタンク，給水タンク，踏切，薄い建物等々，さまざまな産業構造物に萌える人々がインターネットを介して増殖している．

[*9] イラストレータ石井哲氏（wami）「工場萌えな日々」を検索．その他，mixi内コミュニティ，Twitter，写真集，DVDとさまざまなメディア展開を行っている．
[*10] 千葉市，尼崎市，北九州市，四日市等．

消費者同士の価値共創による経験価値の差別化は，留まるところを知らずに多様化している．現代における観光資源の可能性は果てしなく広がり，その潮流に気づいていないのは産業構造物の所有者や観光事業者のみという，皮肉な結果を招きかねない．ネットワークを自由に使いはじめた観光消費者は，常に事業者や研究者の先を走っているのが現実である．

7章 章末問題

問題1 伝統的マスメディア時代の消費行動論AIDMAから，ネット時代のAISASへのシフトが起こった理由を考え，幾つか箇条書きにしてみよう．

問題2 「聖地巡礼」という現象を，「経験価値」と「価値共創」という概念を用いて説明してみよう．

問題3 「経験価値」が最大化される旅行とはどのようなものかを考えてみよう．

・・・・・・・・・・・・・・・・・・・・・・・・・・・・・・・・・・・・・・・

参考文献

[1] ジョン・アーリ:『観光のまなざし』(加太 宏(訳)), 法政大学出版局(1995).
[2] Tim O'Reilly: What Is Web 2.0 ?.
http://oreilly.com/web2/archive/what-is-web-20.html(2015年3月31日現在)
[3] 秋山隆平, 杉山恒太郎:『ホリスティック・コミュニケーション』, 宣伝会議(2004).
[4] J. Powers: *The Wisdom of Crowds*: *Why the Many Are Smarter than the Few and How Collective Wisdom Shapes Business, Economics, Societies and Nations*, Double day(2004).
[5] 濱野智史:『アーキテクチャの生態系——情報環境はいかに設計されてきたか』, NTT出版(2008).
[6] J. Giles: Internet Encyclopedias Go Head to Head, *Nature*, Vol.438, pp.900-901(2005).
[7] B. H. Schmitt: *Experiential Marketing*: *How to Get Customers to Sense, Feel, Think, Act, Relate*, Free Press(1999).
嶋村和恵・広瀬盛一(訳),『経験価値マーケティング——消費者が「何か」を感じるプラスαの魅力』, ダイヤモンド社(2000).
[8] C. H. Lovelock and J. Wirtz: *Service Marketing: People, Technology, Strategy*, 6th edition, Prentice Hall(2007).
武田玲子訳,『サービス・マーケティング』, ピアソンエデュケーション(2008).
[9] 岡本 健:『n次創作観光』, NPO法人北海道冒険芸術出版(2013).
[10] Geocaching公式サイト. http://www.geocaching.com(2015年3月31日現在)
[11] ジオキャッシングまとめサイト. http://geocaching-jp.com/(2015年3月31日現在)
[12] GEOCACHING(ジオキャッシング)の楽しみ方.
http://gpsuser.sakura.ne.jp/whatsnew/(2015年3月31日現在)

8章 観光情報パーソナライゼーション

　近年,旅行のあり方は団体旅行から個人旅行へシフトしてきており,それに従って個人での情報収集や旅行のアレンジなどに関するサービスへのニーズも高まっている.通常,これらのサービスはウェブサービスやアプリケーションとして実現されることが多く,多様なニーズに応えるために個人のニーズに応じて特化された情報提供を実現することが利用者,およびサービス提供者の双方にとって重要になってきている.

　これらの各個人に対応して内容が変化するサービスを実現するためには,多くのデータをバックグラウンドにして,個人の趣味嗜好やサービス利用時のコンテクストに応じて,適切な情報を取捨選択する仕組みが必要である.その仕組みとして,パーソナライゼーションやレコメンデーションといった情報技術がいろいろなサービスに応用されつつある.

　本章では,観光,旅行といった視点からこれらのサービスがどう位置づけられるのか,またそれらを実現するためにどのような考え方や理論が必要なのかについて概説する.

8.1 はじめに

8.1.1 旅行のあり方の変化

　近年,旅行のあり方は団体旅行よりも個人旅行にシフトしており,自分で航空券やレンタカーを手配したり,宿泊施設を予約したりして旅行を組み立てる人が増えてきている.予約の手配の仕方も,事前にいろいろなウェブサイトを調べて予約するだけでなく,スマートフォンのアプリケーションを駆使して旅行中に予

定を変更したり，行き先を決めたりするケースも珍しくない．少し前までは，代理店によって用意周到に準備されたツアーに参加するなど，自分で細かい意思決定をしなくてもよかった旅行や観光が，今では主体的に情報収集し，自分の見たいこと，したいことにあわせて自分で意思決定して行動するという形にシフトしてきていると言える．

　一口に旅行や観光に関する情報収集や意思決定と言っても，目的や段階に応じてたくさんの状況が存在する．そもそも旅行に出かけるかどうかを漠然と考えている状況から，会社の休暇や学校の休み，家族や同行者の予定などを調整して旅行に行こうと決まるまでにも，いろいろな意思決定がある．旅行に行くことになっても，下準備として旅行代理店やウェブサイト，旅行雑誌やガイドブック，周りの人々からの口コミや情報を参考に，どこに行くのか，何を目的にするのか，誰と行くのか，日程はどうするのか，予算はどのくらいなのか，予約はどうするのかなど数多くのことについて，一つ一つ決めていかなければならない．また，やっと旅行に出かけても，期間中どこの場所に観光に出かけるのか，各観光地で何を見るのか，何を体験するのか，昼食や夕食はどのくらいの予算で何を食べるのか，そしてそれをどこで食べるのか，など情報収集と意思決定の連続である．旅行から帰ってきてもそれで終わりではなく，デジカメやスマートフォンで撮った写真を整理したり，SNS（Social Networking Service）などで感想や口コミを情報発信したりと思い出を整理することに時間を費やす人も多いと思う．

　このように，特に個人が主体となって旅行や観光を実際に楽しむ際には，いろいろな手段を通して多くの情報収集をし，自分の趣味嗜好にあうように意思決定して一つ一つプランを実行していく必要がある．そこでは，あくまで個人が主体なので，趣味嗜好も千差万別であり，また予算や価値観も人それぞれ違うのが当たり前である．このような情報収集と意思決定の手助けの入り口として，近年はウェブサービスがさまざまなサービスを提供している．たとえば，いろいろな観光地に行った世界中の人のブログが掲載されているサイトや，観光地の写真が多数アップされているサイト，たくさんの観光地の情報と口コミをウェブサイトやアプリケーションから検索できるサービス，日本や海外のホテルの口コミと空き状況の確認，予約ができるサービスなど，旅行や観光に関わるウェブサイトやアプリケーションは枚挙に暇がない．

8.1.2 観光サービスと情報技術

　さてここでは，これらのサイトやサービスの利用者の視点ではなく，旅行者や観光しようとする人になんらかの情報を提供したり，商品を販売したりといったサービス提供者側の視点で状況を考えてみよう．当然，サービス提供者側の大きな目的としては，便利な機能やユーザにとって価値の高い商品を適切に提供することでユーザにリピータになってもらったり，ロイヤルカスタマになってもらったりすることで，長期にわたって良い関係を築きながら利益を上げられるビジネスを構築することである．扱う商品の種類やサービス，規模などによっていろいろ環境は異なるが，共通して言えることは，膨大な商品や情報のデータをバックに持ちながら，それぞれ全く違う文脈や趣味嗜好でやってくるユーザに対して，適切に対応できるシステムやサービスを構築していく必要があるということである．それが，ウェブサイトやアプリケーション，メールなどをベースとするものであればシステムが全自動で対応する必要があるし，対面で行われるものであったとしても在庫管理や予約，顧客マネジメントについては当然情報システムがさまざまな機能を担うことになる．

　少し具体的に，ウェブサイト上で，ユーザに旅行商品を販売するサービスをイメージしてみよう．世界中のいろいろなところへ観光するためのホテルと航空券がパックになっている商品を販売するウェブサイトのイメージである．扱う商品には，格安旅行もあればビジネスクラスを利用する高級なものもあり，またヨーロッパの歴史を重視したもの，ビーチリゾートを目的としたもの，辺境の地に出かけるもの，国内の温泉旅行をパッケージ化したものなどさまざまなものを想定してみよう．このようなウェブサイトにやってくるユーザも，予算や日程にも余裕があるシニア層であったり，時間に余裕はあるが予算が少ない学生であったり，休み日程が決まってしまっているサラリーマンであったりと，それぞれ趣味嗜好だけでなく，状況や制約もさまざまであることが想像できる．また，ビーチリゾートなどお気に入りの場所に何度も訪れたいケースもあれば，せっかく旅行に出かけるのだから今までに行ったことのない地域や場所を選びたいというケースも考えられる．

　さて，このようなユーザが旅行商品を探してそれを購買するまでの流れを考えたとき，このウェブサイトにはどのような機能が望まれるだろうか．簡単に考えても，その人の過去の購買履歴，旅行歴などを把握し，ユーザの今回の状況と要求

を操作履歴から対話的に読み取って，そのユーザが一番欲していると思われる，一番買ってくれそうな旅行商品を適切に露出させていくことが重要になってくる．もちろんプライバシーや個人情報に十分配慮した上のことであるが，システムが過去の旅行履歴や今回の操作履歴を自動的に参考にし，自分の望みにマッチしそうな旅行商品を短時間で一覧性高く表示してくれるのであれば，ユーザ側も膨大な情報を闇雲に検索する手間が省け，今まで発見できなかったような満足度の高い情報を見つけられる可能性が高くなるだろう．

旅行商品を販売するサイト以外にも，たとえば旅行に関する口コミやブログ，見どころ情報，飲食店情報，宿泊施設情報，交通情報など，膨大な情報が状況にあわせて適切に提示されることで，ユーザにとってとても便利になるサービスはたくさんあるであろう．さらに，それらがカーナビやスマートフォンのアプリケーションと融合すれば，旅行先でもとても便利に使える情報収集ツールとなることは想像に難くない．サービス提供者側にとっても，膨大な情報をバックに，いろいろなサービス利用履歴からそのユーザにあわせて情報の構成や表示方法を柔軟に変え，効率的で満足度の高いウェブサービスを実現することは，ビジネス成功の上でとても重要なことになってきている．また，そのような機能を導入して，大きな利益を上げている企業も，現在ではたくさん知られている．

これらの例のような，ユーザにあわせて商品や情報の表示構成，提示方法を変え，より利便性を高める形で機会損失を防ぐ技術は，パーソナライゼーションと呼ばれている[1]．その中でも，過去の履歴から個人の特性に合わせて提示すべき情報を見つけてくる技術はレコメンデーションと呼ばれている[2]-[5]．以降，パーソナライゼーションとレコメンデーションの概略と，それを実現する技術について，詳しく見ていこう．

8.2 パーソナライゼーションとレコメンデーション

8.2.1 パーソナライゼーションを利用したサービス

近年はウェブサイトだけでなく，スマートフォンのアプリケーションも含めて数多くのECサイトや情報サービスがあり，ユーザのアクセスにあわせてさまざ

まな情報を提供している．それらのサービスは，どんなユーザがアクセスしても同じコンテンツや情報しか提供しないものから，アクセスに応じて動的に内容が変わるものまでさまざまである．このような情報サービスにおいて，ユーザのアクセス履歴や利用履歴からプロファイルやナレッジを自動的に収集管理し，嗜好や目的に合わせたone to oneの内容を自動的に提供するための技術の総称がパーソナライゼーションであり，さらに蓄積されたデータに合わせてさまざまなコンテンツを推薦する仕組みがレコメンデーションである．

　従来，マーケティングはユーザを全体として扱ったり，セグメントやグループに分けて分析したりすることで最良の対処方法を見つけ出そうとするものであったが，パーソナライゼーションはユーザ一人一人に合わせてリアルタイムに対処することが目的である．一見，マーケティングの対象単位を細かくしていった延長線上にパーソナライゼーションがあるように思われがちだが，はじめから一人一人に対して個別対応を自動的に行うことを前提とし，そのためにユーザの利用履歴を再利用可能な形で収集して個別対応に結びつけるということを目的とする点において，両者は最終的な目的意識が違うと言える．どのようなパーソナライゼーションを行うかをよく検討し，その理想型をシステムとして実装してパーソナライゼーションが成功すれば，ユーザにとって膨大な情報から適切なものをリアルタイムに提供してくれる利便性の高いシステムになる．利便性の高さから，ユーザがシステムを何度も利用することでシステムにたくさんのプロファイルが蓄積され，また蓄積された多くのデータに基づき，さらに満足度の高いパーソナライゼーションが達成できる．パーソナライゼーションの技術そのものよりも，サービス全体を見渡してその好循環を実現させることこそがパーソナライゼーションを導入する際に最も重要なことである．

　そのようなパーソナライゼーション，レコメンデーション技術によるサービスをいち早く実現し，オンライン小売業として最大の成功を収めたのがアマゾン・ドット・コムである．言うまでもないが，世の中には膨大な書籍や商品がある．それをオンラインで購入できることはもちろん便利であるが，どうやって目的の商品を探すのか，もしくは特に明確な目的がないときにどうやって商品を特定していくのかを解決しなければ，多くの人々に商品を購買してもらえないであろう．アマゾン・ドット・コムは，高度なレコメンデーション技術を使うことによって過去の購買履歴からアクセス中のユーザが購買しそうな商品を探しだし，「この

商品を買った人はこの商品も買っています」というわかりやすいストーリーをつけて商品を推薦する．もし，ユーザがレコメンデーションの結果に納得いかない場合，ユーザ自身で過去の購買履歴の利用を停止することができる機能を提供することで，レコメンデーションに対するコントロールをユーザに与え，システムが勝手に趣味嗜好を計算してしまうユーザの気持ち悪さを払拭する工夫をしている．また，各商品にはたくさんのユーザからのレビューがつけられており，参考になったという回答の多いレビューを中心に掲載することで，まだユーザが購買していない商品を適切に選別する手助けをしている．このように，あらゆるページがレコメンデーション技術，パーソナライゼーション技術によって動的に生成されることで，興味を持つカテゴリや商品へのアクセスを容易にし，またユーザ同士の買い物に対する体験を共有しやすいようにしている．このように，隅々までに渡るパーソナライゼーションの導入と不断の工夫で，アマゾン・ドット・コムは世界のオンラインショッピング市場で不動の地位を築いている．

8.2.2 パーソナライゼーションを実現する技術

では，実際にパーソナライゼーション技術を導入したサービスを実現する際に，何から取り組む必要があるのか考えてみよう．まず，最も重要なのは，ユーザをよく理解し，ユーザの望む情報，ユーザがきっと気に入ると思われる情報を計算問題として扱うための下準備である．それは，たとえばあるユーザからアクセスがあった際に，そのユーザは新規なのかリピータなのか，どういう動線でサイトに訪れたのか，利用した言語は何か，何を検索したのか，そして最終的に何を閲覧したり購入したりしたのかといったことをデータとして表現し，再利用可能な形で保存することである．

ユーザの状態や趣味嗜好に基づいてパーソナライゼーションを実現するためには，システムにおいて2種類のデータを利用することになる．一つは，たとえばあるユーザがサービスを利用する際に住所氏名を登録したり，クレジットカードの番号を登録したり，あるカテゴリをお気に入りに入れたりといった，ユーザ自身がシステム利用の利便性を上げるために自らいろいろと設定するデータであり，このようなデータはユーザプロファイルと呼ばれる．もう一つは，アクセス履歴や購買履歴，書き込んだコメント等を利用してそのユーザの趣味嗜好や行動などをモデル化し推測するために利用される，ユーザモデルである．ユーザモデルは，

対象とするユーザ単独のデータだけでなく，サービス全体で収集された他のユーザのデータなども利用し，サービス利用のたびに更新されていく．ユーザモデルは，未知の商品や情報に対してユーザがどのような評価をし，どのような反応をするのかを推測することに使われるものであり，レコメンデーションを行うための重要なデータとなるものである．

このように，パーソナライゼーションを行うためには，ユーザプロファイルやユーザモデルを作成するためのデータを収集する必要がある．では，ウェブサイトやアプリケーションにアクセスしてきたユーザに対してデータ収集はどのような技術で実装されているのか，簡単に触れておきたい．

ウェブサイトやアプリケーションを利用するユーザの操作履歴を集める際に一番オーソドックスな方法は，サービスをログイン制にしてアカウント情報を最初に判別し，セッションを利用しながら以降の操作履歴をアカウントと紐づけて記録していく方法である．ユーザが個人設定をして何度もアクセスする前提のウェブサイトでは，この方法が確実である．しかし，それだけではログイン前のユーザの操作履歴や，アカウントを持っていないユーザの操作履歴はユーザを特定して記録することができない．また，個人情報を登録して何度も訪れるようなサイトではない場合，そもそもログインさせることがあまり現実的ではないケースもある．そのような際，ウェブサイトではユーザをユニークに特定するためにCookieという仕組みを利用することが多い．

Coockieとは，ウェブブラウザが特定のサイトにアクセスした際，ブラウザのキャッシュに一時的にデータを書き込んで保存させる仕組みである．あるユーザが初めてサイトに訪れた際，サイト内で重複しないようなIDをブラウザに保存させることができれば，以降そのIDでユーザを識別して，操作履歴やユーザプロファイルを記録することができる．Cookieはユーザがブラウザのキャッシュをクリアしたり，パソコンを買い換えたりしたときには消滅してしまうので，永続的にユーザのアクセスを特定できるわけではないが，ユーザ認証を行わないでユーザを特定する簡易な方法なので，よく利用されている．また，Cookieを利用しない場合でも，携帯電話でウェブサイトにアクセスした際，ウェブサイト側では端末一台一台にユニークに振られた個体識別番号を取得することができる．この個体識別番号を利用することで，Cookieを利用しなくてもユーザをユニークに特定することが可能となる．なお，個体識別番号はユーザの端末側で非通知にするこ

とも可能であり，また端末を買い換えた際には番号は変わってしまうので，こちらも必ずしも永続的にユーザを特定することはできない．なおスマートフォンのブラウザ経由のアクセスの場合には個体識別番号は通知されないが，アプリケーションを利用したサービスでは個体識別番号を利用しているものもある．

このようにしてユーザの操作履歴や購買履歴，ユーザプロファイルを取得した後には，収集されたデータに基づいて顧客のニーズを的確に把握し，それに基づいて個別の対応を自動的にカスタマイズしていく必要がある．そのようなパーソナライゼーションを実現する技術について，いくつか解説していく．

まず，パーソナライゼーションを実装する上で一番古典的で簡単な方法は，ユーザプロファイルに基づいてウェブサイトを自動的にカスタマイズする方法である．この方法では，複雑で不確定なユーザモデルは使わずに，単純にアクセス毎に過去のプロファイルからユーザのウェブサイト利用に関する設定を引き出し，その設定にあわせてウェブサイトの構成や見せるコンテンツに変化をつける機能をプログラムとして直接実装する．たとえば，ウェブサイトにアクセスした際，特別な操作を行わなくても氏名が表示されたり，よく利用する地域が設定されていたりするような仕組みである．それぞれのページやコンテンツごとの処理が一つ一つ実装されるので，構築が簡単である反面，複雑な処理に拡張することができず，またデータの蓄積にあわせて利便性や効率性が自動的に向上していくような機能を実現することは容易ではない．

次に少し複雑な状況に対応できるのは，ルールベースのアプローチである．ルールベースのアプローチは，アクセス履歴，購買履歴から作られるユーザプロファイルの状態にあわせて，「ある条件を満たしたときにある処理が行われる」というルールを広範に記述し，それを適宜適用することでパーソナライゼーションを実現する方法である．たとえば，購買回数によって特別なコンテンツを見せたり，しばらくぶりにアクセスしたユーザにボーナスを付与することで再度アクセスするように誘導したりといったことを，ルールとして表現する．そして，そのルール集合をサイト全体に適用することで，パーソナライゼーションを実現する．

この方法では，ウェブサイトのページごとにパーソナライゼーションを実装するのではなく，ルール集合としてパーソナライゼーションを扱うことができる．したがって，適切なルールさえ構築できれば，ユーザにあまり意識させることなく複雑な処理を自然に見せて，ユーザの満足度をコントロールできる．しかし適

切なルールを追加してユーザの満足度を上げるためには，過去のパーソナライゼーションに対するユーザのレスポンスをつぶさに観察し，ユーザの行動に対してさまざまな仮説を立ててルールを構築していく職人的な技術が必要であり，システムを導入したからといってすぐに大きな効果を上げられるとは限らない．そういう意味で，ルールベースで効果の高いパーソナライゼーションを実現することは容易ではない．

一方，たくさんのユーザのアクセスからコンテンツや情報を評価し，よりユーザがクリックしたり購買したりする可能性が高いものを自動的に導くという，レコメンデーション技術を用いたパーソナライゼーションという方法もある．レコメンデーション技術を実現する方法の概要については後で詳しく触れるが，簡単に言うと，多くのユーザのアクセス履歴を利用し，自分と似たユーザの履歴から選択される可能性の高いコンテンツを探し出したり，アクセス履歴から計算して現在閲覧している情報と類似の情報を見つけ出してユーザに提示したりする手法である．一度その仕組みさえ実装してしまえば，人手でパーソナライゼーションを実装していく必要がなく，新しいユーザやコンテンツが追加されたとしても，その評価の性能がある程度保証される形で自動的にパーソナライゼーションが更新されるので，運用が容易である．

このような技術をうまく組み合わせてシステムを実装したり，これらの機能を実現しているパッケージソフトを導入して組み立てることで，顧客が過去どういうものを欲していたか，そしてここ最近，または今何を欲しているのかを自動的に理解し，ユーザがアクセスした際に閲覧したいものをすばやく見せたり，ユーザが欲するだろう情報や商品をさりげなく見せるということを実現することができる．しかし一方で，単にユーザが欲するだろうと推測される情報や商品を見せるだけでサービス運営側の目的がいつでも達成されるとは限らないことも，頭に入れておく必要がある．たとえば，旅の情報や口コミをコンテンツとして提供しており，広告収入で運用されているウェブサイトであれば，ページビューすなわち広告と接触する機会を最大化するために，できるだけユーザをサイトから離脱させずに多くのページを閲覧させることが目的となる．また，旅行商品やホテルの宿泊などを販売するウェブサイトでは，たくさんのページが見られるというよりはユーザが商品を購買することが重要であり，また1回の購買単価をできるだけ高く誘導することが目的となるはずである．もちろん，双方においても短期的，

長期的な意味でそれをどう実現するのかという視点も入ってくる．

8.2.3 マーケティングとパーソナライゼーション

　ここでよく知られている既存の二つのマーケティング戦略とレコメンデーション技術について触れておこう．一つは，ある商品を購入しようとしているユーザに対してその商品に関連する別の商品や補完的な商品との組み合わせを提案することでユーザあたりの購入品目数の向上を目指す，クロスセルというアプローチである．身近な例では，ハンバーガーを買った際にポテトも勧めるというのがクロスセルであり，旅行商品であれば，航空券を購入しようとしているユーザにホテルやレンタカーなどを勧めるというケースが考えられる．クロスセルを実現するには，扱う商品の性質やカテゴリ，ユーザの嗜好性や購買履歴などに関する知識が必要であるが，一般的に数多くの商品や情報を扱うウェブサイト型のサービスでは，それらの知識を人手で発見することは容易ではない．しかし，膨大なデータから同時に購入されている商品の組み合わせのケースを発見するような処理はコンピュータ向きであり，適切なレコメンデーション技術を使えば実現可能である．

　もう一つよく知られた戦略は，ある商品を購入しようとしているユーザに対して，その商品と同種でよりグレードの高いものを提案することで購入単価の向上を目指す，アップセルと呼ばれるアプローチである．たとえば，「記念日の旅行であればビジネスクラスにしませんか」「あと○○円でホテルをアップグレードすることができます」というように，商品を検討しているときに，より高付加価値の商品を推奨することで，ユーザの心が動くケースは多々あるであろう．

　パーソナライゼーションでアップセルを実現する際重要なのは，グレードの高い商品をデータベースから選択して提示することではなく，アップグレードと追加で払うことになるコストのバランスがユーザの納得感を得られるかである．当然，高いグレードの商品のほうが価値は高い．しかし，そのために支払う追加コストがユーザの予算を大きく超えるものであったり，追加するコストに対して高いグレードの商品価値が釣り合わなかったりすれば，アップセルの提案は余計なお世話である．その場限りの利益追求が，結果としてユーザとの長期的な関係を作ることを阻害してしまう可能性もある．

　アップセルの実装についてはクロスセルよりも難易度は高い．どの商品とどの

商品がアップグレードの関係にあるのかといった商品に関する事前知識は，ユーザの履歴から自動的に取得することはできないので，データベースで商品データを設定する際には，事前に商品間の関連性を付与しておく必要がある．また，先に述べたようにそのアップグレードが耳を傾けるに値する提案であるかは，ユーザの予算，趣味嗜好，今回の検討がどのくらい特別なものであるのかに大きく依存するであろう．したがって，単に商品間の関連性だけでなく，幅広くユーザの反応を見ながら，何をアップセルで提案するのか，慎重に調整される仕組みが必要となるのである．

このように，ウェブサイト等にパーソナライゼーションやレコメンデーションを導入する際，単にそれらを導入すればすぐに効果が上がってユーザやサービス提供者双方に利便性をもたらすというわけではない．提供するサービスの内容，ユーザの目的，過去の行動などについてさまざまな角度から検討を行い，ユーザにとって中長期的な観点から利用しやすいサービスを実現すると同時に，ビジネスとしての収益性に貢献する形でそれらを導入しなければ，わざわざ手間とコストをかけたとしてもそれに見合う成果は上げられないであろう．しかし，それらがかみ合ってパーソナライゼーションが成功すれば，多くの利用ユーザがロイヤルカスタマとなり，高い収益を上げる素晴らしいサービスになることが期待できる．

8.3 レコメンデーションを実現する理論

8.3.1 レコメンデーションの概要

ここまでパーソナライゼーションとサービスの関係について概略を述べてきたが，次にレコメンデーションに焦点をあてて，それが具体的にどのようなやり方によって実現できるのかについてもう少し詳しく触れたい．一口にレコメンデーションといっても，訪れるユーザ全員に同じものを推薦するというやり方もあるが，ここではユーザ一人一人のプロファイルやモデルに基づいてパーソナライズされた推薦を実現する方法について述べる．

ユーザ一人一人にあわせたレコメンデーションでは，まずユーザの趣味嗜好を

含むユーザモデルを作成し,未知のコンテンツや情報に対してユーザになり代わってそれらの評価値を計算する.そして,より高い評価値をもつものが有用なものであるという見込みのもとに,それらをサービス内で優先的に提示することによって,効率よく興味を引くものを発見できる手助けを実現する.つまり,ユーザに付随するデータからデータベースに存在する数多くのコンテンツに対しユーザの評価値を推測する計算方法が,レコメンデーションの核となる技術である.

8.3.2 協調フィルタリング

　まず,一番よく研究されており,たくさんの応用事例がある協調フィルタリングについて説明する[6][7].たとえば,サービス内で扱っている商品に対してユーザが5段階の評価をつけているケースを想定する.このケースでは,ユーザのIDを行,商品のIDを列とする二次元の行列で全ユーザの評価を表現できる.もちろん全てのユーザが全ての商品に関する評価を行っているわけではないので,この行列の要素は一部しか明らかになっていないが,この評価行列を用いてあるユーザがある商品に対してどのような評価をつけるのかを推測できれば,商品を推薦することが可能となる.

　そのような計算をするために,協調フィルタリングではあるユーザとあるユーザがどのくらい趣味嗜好が似ているのかという度合いを表す類似度を導入し,類似度が高いユーザは同じような評価をつける傾向があるという仮定から,評価値を推測する.ユーザ間の類似度は,互いに評価がすんでいる商品の値を比較して,同じ商品に同じ評価をつける傾向が強い時に値が大きくなるように定義される.一般的には,+1(強い正の相関)から-1(強い負の相関)の間で類似度を表現する,ピアソンの相関係数という計算方法がよく使われる.自分から見て類似度が高いユーザは,自分と同じような評価をしてきたという実績があることになる.自分にとってある未知の商品があった場合,類似度が高いユーザがそれに対してどのような評価をつけたのかを参考に,類似度による評価の重みつき平均をとることでその商品の評価を推測するというのが,協調フィルタリングである.そしてその評価が高ければ,きっとそのユーザにとって有用な商品であると推測できる.

　協調フィルタリングは,ユーザや商品に対する知識がほとんどなくてもシンプルに実装可能で,それなりに有効に働くので,レコメンデーションを実現する際

によく使われている．しかし，万能というわけではなく，いくつかの欠点も存在する．まず一つは，評価行列のサイズがユーザ数と商品数の積で決まるので，大規模なデータベースになるほど計算量が膨大に増えることである．これについては，類似ユーザを効率よく計算したり，行列の次元圧縮によって計算量を削減したりするアイデアも提案されているが，大規模化に対処するためにはそれなりに工夫が必要である．

　また，ほとんど商品に評価を行っていない新しいユーザや，まだほとんど誰も評価していない新しい商品などを対象とする際，ピアソンの相関係数がその定義上あまり意味を成さないので，有効な推薦が行えない．この問題は協調フィルタリングのコールドスタート問題と言われ，協調フィルタリングを実サービスで利用する際には何らかの解決策を導入することが望まれる，一つの欠点となっている．さらに，一時的に代理でサービスを利用したり，特別な事情でサービスを利用したりした場合の履歴が類似度の計算に余計な影響を与え，レコメンドの性能が落ちてしまう場合の対処も必要になってくる．

　協調フィルタリングは，ユーザの評価を広く集めることでそれをレコメンドに利用する．その利点として，サービスの実装や運営において，商品の情報を細かくメンテナンスする手間が省ける．一方で，たとえば高齢者向けの商品であったり，グレードが高い商品であったりと，事前に商品の特徴やターゲットが明確になっている場合でも，その知識を利用して商品を推薦するということはできない．扱う商品の種類や内容によっては，ユーザの評価に基づいて推薦するものを決めるというより，事前にある程度商品の特徴をシステムに入力しておき，その特徴を利用して推薦したほうがうまくいくケースも存在する．そのようなレコメンデーションを実現するのが，内容ベースレコメンデーションである[8]．

8.3.3　その他の理論

　内容ベースレコメンデーションでは各商品の特徴を明確化して利用する．たとえば旅行商品を扱うサービスであれば，ジャンル，価格，地域，コンセプト，交通手段，その旅行を表すキーワードなどといったもので，旅行商品の特徴を表現することができる．これらの特徴はデータベース管理者が直接商品に対して付与する場合もあるし，テキストマイニングの手法を応用して自動的に付与される場合もある．そして，ユーザの過去の購入履歴や閲覧履歴と商品の特徴を利用して，

ユーザが過去に興味を持った商品と未知の商品がどのくらい類似しているのかを計算し，商品の評価を測る．類似度としては，たとえば簡易的には商品間の特徴がどのくらい一致しているのかを利用することができる．商品の特徴が多次元である場合，ダイス係数とよばれる値を計算して一次元化し，類似度として利用することが多い．

　内容ベースレコメンデーションの重要な部分は，ユーザの履歴データと商品の特徴との関連性をどうやって自動的に獲得するかということであるが，計算機科学でよく研究されている機械学習が応用できるので，いろいろな手法が提案されている．また，実践的な評価実験においても，内容ベースレコメンデーションは良い推薦を実現できることが示されている．しかしながら，良い結果を得るためにはそれなりの量のデータが必要とされるので，まだほとんど履歴のない新規ユーザに対する対処については，協調フィルタリングと同様，何らかの解決策を考える必要がある．

　協調フィルタリング，知識ベースレコメンデーションともに，ユーザと商品の関係性を，購買履歴，閲覧履歴といったユーザの具体的なアクションから推定するため，商品を適切に評価して有効な推薦を実現するためには，それなりにデータが蓄積される必要がある．ユーザが何度も利用してデータの蓄積に貢献してくれるようなサービスを扱う場合はよいが，旅行や観光に関わる商品や情報の場合，そもそも関係性を自動的に推定できるほどデータを収集することができないサービスもあるだろう．そのような状況を前提とし，統計的な手法によってユーザ個々のモデルを構築するのではなく，ユーザの要求パターンと商品の特徴の関係などを利用した推薦ルールに従ってレコメンデーションを行う，知識ベースレコメンデーションという手法もある．

　知識ベースレコメンデーションは，ユーザがある商品を探す際に，システムと対話的に対象を絞り込んでいくことを前提としている．旅行商品の例を考えると，たとえば旅行日，地域，予算などの条件をシステムに入力し，その条件に合わせて旅行商品を提示するような状況を考えたとき，そのときのユーザの要求にあわせて何をリストアップするのかといったことを，知識ベースレコメンデーションの枠組みでとらえることができる．要求と推薦ルールの利用の仕方の違いにより，知識ベースレコメンデーションでは制約ベースと事例ベースのレコメンデーションの二つの手法が提案されている．

知識ベースレコメンデーションは，協調フィルタリングとは違ってユーザの明示的な要求に従って推薦を行うので，商品や情報選択に強い動機があり，それなりの段階を経て選択や購入を決めることにユーザが納得してくれるならば，サービスの利便性を向上させる有効な手段となり得る．一方で，ユーザがサービスを利用している最中に気軽に類似商品を紹介したり，人気の商品を提案してついでに購入させたりといったタイプの推薦を実現することには向かない．したがって，実現したいサービスやアプリケーションの状況によって，レコメンデーションの手法を良く検討し，技術を取捨選択して導入することが重要となってくる．

8.4 おわりに

　本章では，旅行や観光に関するウェブサービス，アプリケーションを想定し，ユーザ個々に対応してその内容を自動的に調整するパーソナライゼーション技術，そして具体的に商品や情報を推薦するための手法であるレコメンデーション技術について解説してきた．パーソナライゼーション技術を利用して個々のユーザの利便性を上げ，リピート率を向上させるとともに商品の購買率を上げたり，ユーザが思ってもいなかった商品を推薦することで購入点数を上げたりすることが実現できれば，サービス提供者側にとってのメリットは大きいであろう．
　一方で，パーソナライゼーションやレコメンデーションは導入にはコストがかかり，また扱う内容や情報によってパッケージを導入しても必ずしもうまくいくとは限らない．特に旅行や観光に関する情報であれば，過去に利用したものの類似商品や類似情報を表示することが良いとしても，それが場所なのかジャンルなのか価格なのか，何を基準にするかで全く結果が変わってしまう．パーソナライゼーション技術によって顧客に有用な情報を提供しようとすることが，かえってユーザビリティを低下させ，とても使いにくいシステムにしてしまうこともある．さらに，静的な情報やコンテンツで十分な場合や情報が少ない場合は，これらの技術が有効とはならない．しかも，これらの技術は導入前にどれぐらい成果が上げられるのか，事前に正確に見積もることが難しい．ベンチャー企業やスタートアップ事業であれば，初期の段階から試行錯誤的にパーソナライゼーション技術を導入し，新しいサービスに仕上げていくことは容易である．しかし既存の

ウェブサービスやアプリケーションにパーソナライゼーション技術を導入する際，まず何をKPI（Key Performance Indicators，重要業績評価指標）とするのか，そして最終的に事業として何をベネフィットとするのかを明確化し，そこで検討された数値に基づいて導入コストとベネフィットのバランスを考え，本当にこれらの技術を導入することが理にかなっているのか慎重に検討する必要がある．

近年，CRM（Customer Relationship Management，顧客関係管理）やEコマースのショッピングシステムにパーソナライゼーション技術が組み込まれているものもパッケージ化されている．また，国内外の数多くのITベンダーがパーソナライゼーションやレコメンデーションを実現するシステムを開発しており，数多くのサービスに導入されている．パーソナライゼーションやレコメンデーションでは，ユーザ数や商品数の規模に応じて負荷の高い計算を行う必要があるものがほとんどである．大規模なデータベースを抱えるサービスでは，高速にデータを処理するために工夫された特別なシステムが必要になることも多く，どのベンダーの製品が良いのかは簡単に決められない．また，最終的にどのようなパーソナライゼーションを実現すべきかについても，日々さまざまなアイデアが試されている段階であり，不慣れな担当者が安易に設計できるものでもないという点でハードルは高いのが現状である．しかしながら，現在成功している数多くのサービスには，パーソナライゼーション，レコメンデーションが効果的に利用されているのも事実である．

観光や旅行は，基本的にそれぞれのユーザが単独で意思決定しさまざまなサービスを利用するものであるので，このような技術をどのように使って新しく価値が高いユーザ体験を提供するかが，新しいサービス成功の鍵となると言えるだろう．

8章 章末問題

問題1 旅行に出かける前から旅行から帰ってくるまでに，どのような意思決定がなされるかを考えよう．また，その時に便利に使える観光関連サービスを探してみよう．

問題2 観光商品をウェブサイトで販売する際，どのような見せ方，売り方がユーザにとって魅力的かを考えよう．また，その時に必要となる技術課題について考えよう．

問題3 インターネット上にはさまざまな観光に関するサービスがあるが，既存のものにはない新しい発想の観光サービスを考えてみよう．その際，何が新しいのか，そしてそれはどうして魅力的なのかについて，関連するステークホルダーを挙げながら考えてみよう．

参考文献

[1] トーマス・A・フォーリー:『Webパーソナライゼーション』(西村淳子 訳)，日経BP社 (2002).
[2] D. Jannach, M Zanker, A. Felferning, G. Friedrich:『情報推薦システム入門』(田中克巳・角谷和俊(監訳))，共立出版 (2012).
[3] 神嶌敏弘:推薦システムのアルゴリズム(1),『人工知能学会誌』, Vol.22, No.6, pp.826-837 (2007).
[4] 神嶌敏弘:推薦システムのアルゴリズム(2),『人工知能学会誌』, Vol.23, No.1, pp.89-103 (2008).
[5] 神嶌敏弘:推薦システムのアルゴリズム(3),『人工知能学会誌』, Vol.23, No.2, pp.248-263 (2008).
[6] D. Goldberg, D. Nichols, B. M. Oki and D. Terry: Using collaborative filtering to weave an information tapestry, *Communications of the ACM* 35, No.12, pp.61-70 (1992).
[7] P. Resnick, N. Iacovou, M. Suchak, P. Bergstorm and J. Riedl: Grouplenz: An open architecture for collaborative filtering of netnews, *Proceedings of the 1994 ACM Conference on Computer Supported Cooperative Work*, ACM, pp.175-186 (1994).
[8] M. J. Pazzani and D. Billsus: Content-based recommendation systems, The Adaptive Web, *Lecture Notes in Computer Science*, Vol.4321, pp.325-341, Springer (2007).

9章 ゲーミフィケーションと観光

本章では，観光に「ゲーム」を組み込んだ事例について取り上げる．観光にゲームを組み込むことによって，人々にもっと観光を楽しんでもらえるのではないか，あるいは，より多くの人を観光地へといざなえるのではないか，という期待がある．昔ながらのゲームを使った観光イベントに加え，最近はスマートフォンを利用した常設型のゲーム観光も続々と登場している．本章ではゲーム観光のさまざまな事例を見ながら，観光をゲーム化することで得られるメリットと，考えるべき課題や工夫の余地について述べる．

9.1 観光とゲームイベント

8月頃になると，駅や観光地において，子供たちがにぎやかにスタンプラリーをやっている光景をよく目にする．なぜ鉄道会社や観光地はスタンプラリーを開催するのだろうか？ すぐ思いつく理由は，「お客さんに楽しんでもらうため」だ．見知らぬ駅や場所に訪れ，ワクワクしながらスタンプを探す．スタンプを集めれば，景品がもらえる．そこでいかに効率よく回るかあれこれ頭をひねる．このような具合に，お客様に楽しんでもらえる仕組みを用意すれば，大勢の参加者が集まり，お金が落ちる．鉄道会社であれば，一日券を買ってもらえる．観光地であれば，飲食や土産物購入，ひょっとしたら宿泊にもお金を使ってもらえるかも知れない．

鉄道会社や観光地がスタンプラリーを開催するもう一つの理由は，「刷り込むため」だ．鉄道会社であれば，子どもたちに鉄道に親しんでもらえれば，今後のお出かけの際には家族総出で鉄道を使ってもらえるかもしれない．観光地であれば，その地域の魅力を認識させることができれば，将来の再訪や好意的な口コミ

発信につなげられるかも知れない．つまり，スタンプラリーは，その後の行動の呼び水となる可能性を有している．実際に岡本[1]は，アニメ聖地巡礼で知られる鷲宮神社周辺で行われたスタンプラリーにおいて，最初はアニメグッズを目的にスタンプラリーを行っていた観光客が，徐々にスタンプ設置店や店主のファンとなり，スタンプ取得に必要なメニュー以外のものも注文したり，スタンプラリー終了後もたびたび訪れたりするようになった事例を紹介している．

　スタンプラリーのようなゲームイベントには，クイズラリー，謎解きツアー，宝探し，スゴロク型まち歩きなどがある．いずれの形態にせよ，ゲームイベントの開催には，シナリオ準備から，関係者の調整，仕掛けの配置，景品の用意，告知，当日の対応，片付けに終わるまで，大変な労力を必要とする．最近では宝探しサイト「タカラッシュ！」を運営するラッシュジャパン（株）[2]や「リアル脱出ゲーム」を運営する（株）SCRAP[3]のようにゲームイベントを各地で手がける業者も現れてきた．ゲーム中の問題やミッションをうまく設計し，その土地ならではの体験をさせたり，地元の人々と交流させたりできれば，その土地へ魅力をより印象づけることもできよう．一方で，人が集まるという目先の効果にとらわれすぎ，ゲームイベントを定期的に開くことが至上命題化してしまう危険性にも注意しておきたい．

9.2 恒常的なゲーム運営

　「くろいシスト」[4]は，青森県黒石市の中心市街地で行われている宝探しゲームであり，年中無休で行われているのが特徴だ．宝箱は歴史的建造物周辺や神社の境内，名物を扱う商店の店先などに置かれ（図9.1左），その地図はホームページないし現地の観光案内所等で入手できる．各宝箱の内側にはクイズの断片が数文字程度貼られており（図9.1右），宝箱を見つければ見つけるほど全貌が明らかになってくるため，なおさら宝探しが盛り上がる仕組みとなっている．黒石市中心街は伝統的建造物群保存地区に指定され，見応えのある建造物が並んでいるのだが，そこに宝探しという要素が加わることで，より細部にまで目が行き，宝箱以外にも思わぬ発見を得られる楽しさも生じてくる．

　くろいシストを運営する黒石市商工会議所の担当者によれば，当初は，宝箱が

 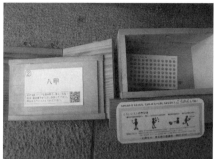

図9.1 くろいシスト

いたずらにあったり,持ち去られたりと,さまざまな苦労があったらしい.宝箱は広範囲に設置されているため,その巡回監視も大変だ.また,くろいシストでは,中に入れるクイズを時折入れ替えることで,一度ネタバレしたら終わり,ということがないようにしている.このように,観光地／施設において恒常的にゲームを実施する際は,設計段階から維持管理や更新の手間を予測し,そのゲームが無理なく持続可能であるかについて十分考えておく必要があろう.もし維持管理が行き届かず,不完全なゲームを提供してしまえば,参加者の不満を招くことにもなりかねない.

9.3 携帯電子機器を使った観光周遊支援ゲーム

現実の街にゲーム要素を置き,維持・管理・更新していくには,大変な労力を必要とする.そこで,現実世界に対応した仮想世界にゲーム要素を置けば,その手間は大幅に回避される.たとえばスマートフォンに搭載されたGPSセンサや方向センサを使えば,利用者の位置や向きを踏まえて仮想のゲーム要素を提示することが可能となる.さらに,AR（Augmented Reality,拡張現実）技術を利用すれば,スマートフォンの背面カメラで撮影された現実映像の上にゲーム要素を合成表示することも可能になる.実際に鈴木ら[5]は,ARを使った函館の電子ガイドツールを作成し,そのコース後半において仮想のエイリアンと対戦するシューティングゲームを盛り込んで,観光周遊を盛りあげている.

また，観光周遊支援ゲームを電子化すれば，参加者の行動ログを取得できるというメリットもある．たとえば川村・鈴木[6]は，北海道大学周辺の飲食店をできるだけ多く回る電子スタンプラリー「北大グルメエキスポ」を実施し，そのイベント参加者の時系列的な行動ログ分析を試みている．詳細な行動ログを取得すれば，利用者がゲーム上の特定ポイントをいつ，どういう順で巡ったということに加え，途中どこに立ち寄り，どれくらい時間を消費したかということもわかるので，地域側にとってそこから得られる示唆は少なくないだろう．

　位置情報を使った電子的なゲームは，位置情報ゲーム[*1]と称される．位置情報ゲームの中には，必ずしも観光周遊を促すことを目的とせず，ただ単に移動距離が経験値として換算されたり，特定の場所に訪れるとゲーム内アイテムが得られたりする程度のものもある．そこで，ここでは「ある広がりを持った実空間の周遊を支援・促進するためのゲーム」を「実空間周遊支援ゲーム」と呼び，とりわけ観光地や観光関連施設を対象としたものを「観光周遊支援ゲーム」と呼ぼう．観光周遊支援ゲームには，先に挙げたスタンプラリーや宝探しなども含まれる．近年ではGPSセンサを搭載したスマートフォンの爆発的普及にともない，全国各地でさまざまな観光周遊支援ゲームが導入されてきている．そこで，ここでは，先進事例をいくつか紹介していきたい．

事例1：ミッション in 佐久島　アートハンター

　佐久島（愛知県西尾市）は，三河湾に浮かぶ面積1.8平方kmほどの小さな島だ．この島は1996年から現代アートによる島おこし活動に取り組んでおり，島内のあちこちにアート作品が点在している．このアート作品を「宝箱」と見立て，宝探し形式でアート作品を楽しめるのがこのスマートフォン用アプリ「ミッション in 佐久島　アートハンター」（図9.2）である．画面上の地図（図9.2左）を頼りにアート作品を訪れると，宝箱が開く．16個の宝箱のうち当たりは5個であり，それを開くと「お宝動画」と称して，その地点にあるアート作品の解説動画が流れる（図9.2右）．このお宝動画を探し出して全部集めるとゲームクリアとなる．面白いのは，ゲームの途中に敵が現れ，勝手に宝箱を開けてしまう点だ．これにより，見かけ上，ゲームは手に汗握る競争へと変貌する（実際のところ敵に当たりの宝箱を

[*1] 略して「位置ゲー」ともいわれるが，この言葉は(株)コロプラによって商標登録されている．

図9.2 ミッション in 佐久島 アートハンター（画面写真）

開けられることはないそうだ）．

　島内の街路はまるで迷路のようである．とはいえ，ただガイドマップに現在地を示すだけでは芸が無い．そこでこのようにゲーム性を取り入れることで，アートめぐりに動機と付加価値とが与えられる．また，ゲームはスマートフォンの中だけで完結するため，看板やポスターなどで現実の美しい景観を阻害することがない，というのもメリットだろう．

　http://www.play-aichi.com/sakushima/　（Android用）

事例2：京都妖怪絵巻

　「京都妖怪絵巻」は，立命館大学と（株）supernovaの産学連携により作成されたアドベンチャーゲームである．プレイヤーは「妖怪討伐士見習い」に任命され，京都各地の妖怪を退治してまわる指名が与えられる．メニューから討伐したい妖怪を選ぶと，やや唐突だが「○○に手がかりがありそうよ」という情報が与えられる．その場所に到着すると，簡単な解説のあと，クイズが示される．現地での探索をもとにクイズに答え，正解すると，妖怪を倒すためのアイテムが与えられる．つづけて妖怪退治戦となり，適切なアイテムを選ぶことにより妖怪が退治される．一方，アイテムを間違えると，そのアイテムは壊れる．これを数度繰りかえし，最終的に晴明神社で最終決戦を迎える．ストーリー展開がやや強引ではあるが，ゲームをきっかけに京都の穴場的な寺社旧蹟に訪れることができるのが面白い．なお，2013年6月時点ではすでにサービスは終了している．

　http://supernova-project.com/press/20120326.php　（プレスリリース）

事例3：ときめき がまごおり

「ときめき がまごおり」（図9.3）は，愛知県蒲郡市を舞台に，男性キャラクターとのバーチャルデートを楽しむアプリである．3人の男性キャラクターが登場し，それぞれ「グルメ」「遊び・体験」「パワースポット」を担当．地図に記された場所に行くと，それぞれのキャラクターが，その場所にちなんだ甘いセリフを投げかけてくる．面白いのは，いわゆるデートスポットだけではなく，寺社，中華料理屋，オートレース場に至るまでなんでも甘い言葉に結びつけてくる点だ．「次のスポットではどんな名言が飛び出すのだろう」と興味がかきたてられ，ついつい足を運びたくなる．女性だけでなく男性でも十分楽しめるこのアプリは，蒲郡市の24歳の女性職員の発案から始まったものとのことである．

https://play.google.com/store/apps/details?id=air.com.blueart21gamagouri
（Android用）

事例4：ぽねこ

「ぽねこ」は，「猫又」をイメージしたキャラクター「ぽねこ」を育てる育成ゲームである．岩手県内陸部の市町村・大学・ICT企業が立ちあげた「ICTふるさと復興支援協議会」が開発し，（株）ノーザンシステムサービスが運営している．さまざまな場所にチェックインすると，その場所に応じた「ぽねこ」の一言が表示され，経験値が増える．また，宝探しイベントでは，各スポットに隠されたQRコードを発見することで，ゲーム内で使えるレアアイテムが取得できる．これらの仕掛けによって，岩手県内陸部の観光振興と地域情報の交流をはかろうと取り組んでいる[7]．

http://poneko.com/tabio/about_poneko/

事例5：BRICK STORY 〜江別まち歩きシリアスゲーム〜

北海道情報大学の開発した「BRICK STORY」[8]は，北海道江別市を舞台にしたノベルゲーム（画面上で小説を読んでいくかのように展開していくゲーム）である（図9.4）．ストーリーはというと，江別市内の中学校で同じ写真部に所属していた男女3人が再開し，かつて写真撮影に訪れた場所を巡りながら，その場に姿のないもう一人の仲間について記憶をたぐり寄せていく，というものである．この巧みな設定により，江別市内の名所を巡る自然な理由を参加者に与えている．ま

図9.3 ときめき がまごおり（画面写真）

図9.4 BRICK STORY（画面写真）

た，3人のキャラクターがそれぞれドライブ，自転車，徒歩を担当しており，参加者が選んだキャラクターの視点から物語が語られるのが面白い．さらに，ノベルゲームでありながら，訪れる観光スポットおよびその順番に自由度が与えられているのが魅力的である．

http://sherry.do-johodai.ac.jp/bs/

事例6：Menehune Adventure Trail（メネフネアドベンチャートレイル）

「メネフネアドベンチャートレイル」は，米国ハワイ州オアフ島にあるAulani, A Disney Resort & Spaで提供されているアトラクションの一つである．このゲームはスマートフォンに似た端末を借り，画面上の指令に沿ってホテルの中庭やロビーを巡り，そこに隠された秘密を解き明かして行く，というものである．ほかのゲームと異なるユニークな点は，現実空間側にも機械的な仕掛けが施されている点である．たとえば，チェックポイントに到達すると，そこにある岩に模様が現れたり，楽器のオブジェが演奏を始めたり，火山のオブジェから煙が出たりと，さすがディズニーという仕掛けが盛りだくさんであり，ゲームを利用した観光体験の未来形を感じさせる作品となっている．

どの観光周遊支援ゲームも，あらかじめ指定された観光地／施設内の各チェックポイントを巡回するという点では，必然的にスタンプラリー的な要素をはらんでいる．一方で，単なるスタンプラリーと異なるのは，目的地を訪れると何らかのフィードバックが得られるというインタラクティブ性である．また，宝探し，妖怪退治，デート，思い出の地巡りといったストーリーを用意し，世界観を作り込むことによって，各ポイントを巡回することへの意味づけを行っている．このような工夫を取り入れることにより，スタンプラリーに見られるような「意図せず回らされている」感覚を払拭しようとしている．

もちろん，電子的な観光周遊ゲームにもデメリットはある．まず，現実世界にゲーム要素を物理的に配置する必要がないぶん，来訪者にゲームの存在が気づかれにくい．したがって，いかに宣伝を行うかが課題となる．また，スマートフォンの利用を前提とするため，子供や老人にとって参加障壁が高くなってしまう懸念もある．

9.4 参加者が創る観光周遊支援ゲーム

携帯電子機器を利用するにせよしないにせよ，ゲームを観光地／観光施設側で全て準備するのは大変である．そこで新たに利用者をコンテンツ制作側に取り込んでしまうことを考えたい．たとえば，先の「ときめき がまごおり」であれば，利

図9.5 ジオキャッシング公式サイト[9]における宝箱の地図と個々の宝箱の情報の例

図9.6 ジオキャッシングにおける宝箱の例（左は砂利に，右は岩に偽装されている）

用者にも思いついた「甘いセリフ」を投稿してもらい，すばらしい作品はゲームに採用する，といった具合である．

　ここでは利用者参加型の観光周遊支援ゲームを事実上実現している事例として，「ジオキャッシング」を紹介したい．ジオキャッシングは一言で言うと「投稿型宝探しゲーム」である．その宝箱の数は国内に2万1千個あまり，全世界では257万個に及ぶ（2015年3月現在）．これらは参加者の誰かが他の参加者のために隠したもので，その情報は公式サイト[9]上にまとめられ共有されている（図9.5）．宝箱は現実世界のさまざまなものに姿を変え，日常空間の中にこっそりと溶け込んでいる（図9.6）．世界中の参加者に切磋琢磨されてきた結果，ジオキャッシングは隠す側と探す側が知恵を比べ合う，本気の宝探しへと進化を遂げたのだ．

ジオキャッシングの非常に興味深い点は, 宝箱の多くがいわゆる「見所」近辺に設置されている点だ. 実際に著者が国内の宝箱1000個を無作為抽出して調べたところ, 78%がその説明文中に周辺の見所案内情報を含んでいた[10]. 設置者の立場から見ると, せっかく他の人々に宝探しに来てもらうのだから, 自分の知る名所へと案内し, 楽しんでもらおうという配慮が働くのであろう. さらに, 設置者による思い入れのある解説と, 来訪者によるコメントが続々と加わることにより, 来訪価値はさらに向上するのである.

　伊豆諸島にある式根島は, ジオキャッシングを観光振興に利用しようと取り組んでいる地域の一つである[11]. 島内には25個の宝箱が設置されている (2015年3月現在). そのほとんどは何らかの見所近辺に立地しているため, 宝探しを行っていけば, ガイドブックに記載されているような名所はもちろん, 知られざる穴場や絶景スポットを自然と巡ることができる. 注目すべき点は25個の宝箱のうち20個は来島者の手で設置されたという点だ. 島ではCITO (Cache In, Trash Out) と呼ばれる「ゴミ拾いをしながら宝探しを楽しむ」イベントが2009年から毎年開催されている[12]. このイベントを機に来島したジオキャッシング愛好家たちが, 「せっかくならば自分たちも」と宝箱を追加設置していき, 現在の数となった. さらにこのイベントによって島民のジオキャッシングに対する理解が深まり, 気持ちよく宝探しできる雰囲気も醸成されている.

　ジオキャッシングが参加者の心をとらえる理由は何だろうか? それを知るため, 著者らはFacebookのコミュニティ「ジオキャッシング・ジャパン」の参加者を対象にアンケートを行った[13]. このアンケートでは, 参加動機と考えられる16項目を被験者に提示し, それぞれに同意度を5段階評定させた (5:あてはまる〜1:あてはまらない). 図9.7に各項目の評価平均値および標準偏差を示す. ほぼ全員から同意が得られたのは「見つけたときの興奮・高揚感」と「地域の名所や穴場を知ることができるため」の2項目であった. 後者はジオキャッシングにおける観光周遊支援ゲーム的側面が高く評価されていることを示唆している. 続いて高評点が与えられたのは「隠す知恵, 見つける知恵を比べあう面白さがあるため」「冒険心をかきたてられるため」「現実世界に隠された秘密を見つけるスリルがあるため」といったゲーム性に関する項目であった. 興味深いのは, 「ほかのプレイヤーとつながっている感覚があるため」という項目への同意度が比較的高い一方で, 「自分の達成業績を人に見せたいため」「ほかのプレイヤーと競争している感

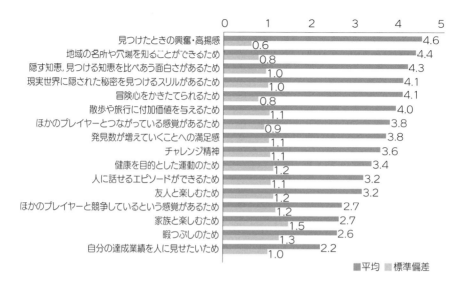

図9.7 ジオキャッシングへの参加動機（[13]より転載）

覚があるため」への同意度は低かった点である．ジオキャッシングにおいては，「宝箱の発見数」という競争要素は存在するものの，他の参加者はライバルではなく，ともにゲームを作り上げ，秘密を共有している仲間でもある．このような「参加者同士の連帯感」が，人々の心をとらえる大きな鍵となっているようである．

9.5 ゲーミフィケーションという文脈から

参加者への動機づけという話題が出てきたところで，「ゲーミフィケーション」という観点から今までの議論を振り返ってみたい．ゲーミフィケーションとは「ゲームで培われた動機づけノウハウをゲーム以外の文脈で利用しようとする取り組み」を指す概念である[14]．たとえば，顧客のロイヤリティを高める，従業員の生産性を上げる，選挙運動を進める，児童の学習を支援する，といった文脈において，ゲーム的な仕掛けを取り入れ，人々を動機づけようとするものである．この概念は2011年頃から急速に広がりつつあるが[14]，ゲーミフィケーション的な取組みは，以前から広く存在していた．たとえば，1990年代に世界で広まった航空会

社のマイレージ会員制度がそうである．マイレージ会員制度はRPGゲームに似たレベルシステムを取り入れることにより，利用者の特定航空会社の利用継続を促す動機づけを行っている．先に挙げたスタンプラリーや宝探しも，ゲーミフィケーションの例であり，ゲームを通じて参加者に交通施設利用や観光地滞在を動機づけようとするものである．

それでは「ゲームで培われた動機づけノウハウ」とは何だろうか？ 既存文献[14]-[16]には，次のような要素が挙げられている．

- オンボーディング：人々をゲームに気楽に参加させ，やりながら徐々にルールを体得させる
- ミッション／ゴールの提示：参加者に目標を与え，誘導する
- バッヂ・レベルシステム：参加者に目標達成度合いを示し，さらなる意欲向上をもたらす
- スコア／順位の可視化：参加者に評価軸を示し，それに即した行動を促す
- 世界観の提供：ゲーム上の行動に意味を与えるストーリーを提供し，その世界に没入させる
- コミュニティ：参加者同士の連帯意識や競争意識を高め，離脱しにくくする
- やりこみ要素：ゲームをやればやるほど楽しめる要素を用意する
- 逆転要素：新参者は必ずしも不利ではなく，かつ古参も油断がならない状況を用意する

たとえば先に挙げた「ミッション in 佐久島」では，宝探しという「世界観」を提供し，宝を全て見つけるという「目標」を与え，観光周遊を動機づけている．「ジオキャッシング」では，宝箱の発見数という形で「スコアの可視化」を行うともに，掲示板を通し一緒に宝探しを行う仲間の存在を意識させ「コミュニティ」を形成している．とはいえ，上記の要素はあくまでゲーム設計のヒントであり，それらをとにかく詰め込んでいけば良いゲームになるというわけではない．とりわけ観光周遊支援ゲームの本来の目的は，ゲームを通じてその観光地や観光施設の魅力に対する気づきを与えることだということに注意されたい．ゲームに熱中させるあまり，その場所の魅力に気づく機会を奪ってしまうのであれば，本末転倒な結果となる．

9.6 思い出を記録し口コミにつなげる仕掛け

　本章の最後にもう一つ考えておきたいのは,「いかにゲーム参加者に魅力的な口コミを発信させ,さらなる来訪者を呼び込むか」という課題である.すでにオンラインゲームの中にはTwitterやFacebookに連動しているようなものもあるが,そこで表示されるメッセージが「○○さんは××というゲームをプレイしています」程度では,なんら面白みが伝わらない.また,どんなに楽しいゲーム体験であっても,ゲームに夢中になるあまり滞在中の写真が残らないようであれば,魅力的な口コミ発信にはつながりにくいだろう.そこで,ゲームを通じて「魅力的な口コミのタネ」を参加者に与えるしかけを考えてみたい.

　「佐世保観光JOYカメラ」[17]は,佐世保市内の観光案内とともに,「ご当地プリクラ」的な機能を有している.つまり,現地で撮影した写真に「ご当地アイテム」や「ご当地フレーム」を合成表示し,遊べるようなしかけを用意した.これにより作成された楽しげな記念写真は,きっと旅行後には良い土産話のタネとなることだろう.

　田中ら[18]の「未完成ガイドブック」では,ガイドブックに空欄を設け,そこにデジタル写真を貼らせたり,訪問時の発見や気分を書き込ませたりするアイデアが提案された(図9.8).さらにその行為を自然なものと感じさせるため,「主人公は海岸に打ち上げられた記憶喪失の参加者であり,記憶を取り戻すために旅をして

図9.8　未完成ガイドブック

いる」というゲーム的な設定が用意された.この設定にしたがってガイドブック中の数々のミッションに応えていけば,旅行後には思わず人に自慢したくなるような「自分だけのオリジナルガイドブック」になるというしかけである.

　スマートフォン向けゲームの設計というと,ついつい「一人で黙々と遊ぶプレイヤー」を想定してしまいがちだ.しかし,一人の旅行者がいれば,その背後には多数の潜在的旅行者がいると考えた方がよい.人々のつながりは,ソーシャルネットワークの時代だからこそ,大規模かつ即時的なものになりつつある.だからこそ,「人と共有できる魅力的な話題を提供する」という観点は,観光情報発信において非常に重要になりつつある.観光周遊ゲームの設計においても,いかに参加者にその土地の魅力を気づいてもらうかだけではなく,いかに参加者から他の人々に向けて魅力的な口コミを発信させるかについて,設計段階からよく検討しておくべきであろう.

> 9章
> 章末問題

問題1 本章で紹介した「くろいシスト」「BRICK STORY」では，それぞれどのようなゲーミフィケーションのテクニックが効果的に使われていると考えられるか．

問題2 あなたが興味を持った「観光周遊支援ゲーム」について，そこではどのようなゲーミフィケーションのテクニックが使われているか，考えてみよう．

・・・

参考文献

[1] 岡本 健：来訪者の回遊行動を誘発する要因とその効果に関する研究：埼玉県北葛飾郡鷲宮町における「飲食店スタンプラリー」を事例として，『日本建築学会大会学術講演梗概集』，F-1, pp.219-220 (2009)．
[2] タカラッシュ！．http://www.takarush.jp/ (2015年3月31日現在)
[3] リアル脱出ゲーム公式サイト．http://realgame.jp/ (2015年3月31日現在)
[4] くろいシスト．http://www.k-cci.or.jp/kuroicist/ (2015年3月31日現在)
[5] 鈴木昭二, 橋本真一, 布村重樹：観光の楽しみを広げる 拡張現実感用コンテンツ制作の試み，『情報処理学会デジタルプラクティス』，Vol.3, No.4, pp.313-322 (2012)．
[6] 川村秀憲, 鈴木恵二：観光情報学におけるアクションリサーチ 北大グルメエキスポの開催を通して，『情報処理』，53 (11), pp.1146-1152 (2012)．
[7] 工藤 彰, 佐々木敬志, 厚井裕司, 阿部昭博：位置情報連動型ソーシャルゲームを用いた観光支援の取り組み，『観光情報学会第9回全国大会講演論文集』，pp.18-19 (2012)．
[8] 斎藤 一, 阿部裕介：江別まち歩きシリアスゲーム「BRICK STORY」の開発，『観光情報学会第10回全国大会講演論文集』，pp.10-11 (2013)．
[9] ジオキャッシング公式サイト．http://geocaching.com (2015年3月31日現在)
[10] 倉田陽平：ジオキャッシング：無名の人々がゲームを通して発掘・拡張する観光価値，『観光と情報』Vol.8, pp.7-14 (2012)．
[11] 日本礼賛 ここにしかないツーリズム "宝探しゲーム"が年中無休の観光ガイドに！東京都新島村商工会式根島支所，『月刊商工会』，2010年4月号．
[12] CITO in Shikinejima．http://shikinejima.net/geocito/ (2015年3月31日現在)
[13] 倉田陽平：いったい誰が，なぜ，宝探しをするのか？―ジオキャッシングの参加者とその動機の分析―，『観光情報学会第5回研究発表会講演論文集』，pp.31-36 (2012)．
[14] 井上明人：『ゲーミフィケーション <ゲーム>がビジネスを変える』，NHK出版 (2012)．
[15] 深田浩嗣：『ゲームにすればうまくいく <ゲーミフィケーション>9つのフレームワーク』，NHK出版 (2012)．

[16]　ジェイン・マクゴニガル：『幸せな未来は「ゲーム」が創る』, 早川書房 (2011).
[17]　佐世保観光JOYカメラ.
　　　https://play.google.com/store/apps/details?id=decocamera.sasebo (2015年3月31日現在)
[18]　田中良典, 服部圭介, 比嘉啓登：未完成ガイドブックで観光する網走 〜脱獄した思い出を、捕獲せよ〜, 全国大学生旅プランコンペ in 網走 最優秀作品 (2013).

10章

観光情報が拓く観光サービスのデザイン

　本章では，旅行者を通じて得られる多様な観光情報を活用した，観光サービスのデザインのあり方を紹介する．他の章で論じられているテーマと一部重複するところもあるが，それらを俯瞰的に捉え，統合し，より魅力的な観光サービスづくりの可能性を模索する章と理解してもらえればよい．10.1節ではサービス研究の歩みとサービス工学について述べ，サービスとは何かを考える．10.2節では，観光計画と観光行動の双方に着目し，観光サービスのさまざまなデザインの方法について述べる．10.3節では，以上の内容を統合し，持続可能な観光サービスづくりの可能性について論じる．

10.1　観光とサービス工学の接点

10.1.1　サービス研究の歩み

　観光は，古くより行われてきたサービス研究対象の一つである[1]．観光関連の大学学部・学科の定員数は2010年時点で43大学48学科に達し，定員数の推移も見れば，ここ10年で約2.5倍と急増している[2]．その一方で，サービスそのものに関する教育や研究はどこで行われてきたのだろうか．

　一般にサービスは，工業製品（モノ）にはない性質によって語られ，「無形性（手にとって触ることができない）」「異質性（提供者や利用者によって品質が変わる）」といった点が長年に亘り議論されてきた．そのため，先進諸国の経済において重要な役割を担っているにも関わらず，客観性を重んじる科学・工学の分野においてサービスを扱うことは忌み嫌われ，学問的に見れば経営学やマーケティン

グの一分野として扱われるに留まってきた．大学教育についても同様である．そこでは，モノかサービスか，製造業かサービス業かという二分法の考え方が根底にある．しかしながら近年は，情報技術の発達と相まって，モノとサービスの融合や一体的な提供が可能となり，その境界が曖昧になってきたと言える．そのため，サービス学と総称する新たな学問領域[3]では，サービスを「物質的な製品か人間活動かの手段に依らない他者に対する価値創出行為」として広くとらえ，そこに存在するサービス経済や生産・消費の論理を読み解こうとしている．そのため，サービス学とは，人文社会／理工系等の区分を問わず，さまざまなバックグラウンドを持った研究者・実務者が集まり，互いに知恵を出し合い，複合領域にまたがる問題の解決を試みるための学問体系と言える．

観光産業についても同様である．観光は対象とする問いが多様であるから，それに答えようとする観光学もまた学際的な分野である．さらに言えば，2000年代以降の動きとして特徴的なのは，日本の観光戦略と呼応する形で，元来は観光を専門としていなかった人々が，自らが得意とする手法やコンセプトを観光に適用しようと試みている点である．特に情報技術の急速な進展によって観光の情報化が進んだ昨今においては，情報科学・工学に携わる多くの研究者や実務者が観光に目を向けるのは自然の流れと言えよう．

さて，サービスに話を戻そう．歴史的な観点で言えば，2004年に発表された，米国のパルミサーノ・レポートが転機である．このレポートでは，21世紀のイノベーションの中心はサービスであること，およびそのためにサービス科学の研究が重要であることが指摘されている．その後，日本においても，サービス科学・工学に関する政策・研究プログラムが経済産業省や文部科学省から立案され，今に至っている．

10.1.2 サービス工学とは何か

実は，著者の所属する人工物工学研究センターでは，こうした動きに先駆け，2002年にサービス工学研究部門を設置し，サービスづくりのための方法論の構築に取り組んできた[5]．21世紀において大きな発展が期待されるサービス学の中でも，サービス工学は，(1)大規模化・複雑化したサービスへの対応，(2)サービスの人材教育の効率化と知識継承，および(3)新たなサービス創出の実現の上で重要な役割を担うと言われている．その一方で，裾野の広がりつつあるサービス工

学とは何かを,包括的かつ具体的に定義することは実は難しい.ここでは,「サービスの生産性向上やサービスによる価値共創に資する方法論や技術を研究・開発するための工学分野」[6]と,やや抽象的な表現に留めることとしよう.また,サービス工学において利用されるないしは生み出される技術の総称として,サービステクノロジー(ST: Service Technology)との表現がある.これは,情報技術(IT: Information Technology)との比較に由来し,背景にある計算機科学等の学術分野から巣立ち,さまざまな産業・業種において適用可能な技術として位置づけられる.

10.1.3 サービスを特徴づけるものは何か

本章では,このサービステクノロジーという視点のもと,サービスを特徴づけるものとして,利用者の個別情報,利用過程,利用者参加,および設計・生産へのフィードバックを取り上げる.それぞれの説明は以下の通りであり,本書の他の章との関連も記しておく.

(a) 事前に知り得た利用者属性を考慮して,個別的に対応する(8章のパーソナライゼーション)
(b) 利用過程に得られるデータを即座に分析し,フィードバックし,リアルタイムでの改善に生かす(3章の位置情報サービスや4章の拡張現実)
(c) 利用者がサービスの設計・生産の過程に積極的に関与する(7章のユーザ参加と価値共創)
(d) 利用過程で得られたデータを収集・蓄積し,フィードバックし,次の設計・開発に生かす(3章の観光行動調査)

ここでは,製造業/サービス業の区分にこだわらない.すなわち,たとえ工業製品であっても,これらの特徴が多く当てはまるのであれば,それは「サービス的特性が強い」と考える.逆に,いわゆるサービス産業が取り扱う商品であったとしても,これらの特徴が当てはまらないのであれば,それは「製品的特性が強い」と考えるのである.

情報化および観測・計測技術の進歩により,上記(a)(b)は技術開発,現場適用ともに進んでいる.その一方で,(c)(d)に関する取組みは少なく,発展途上の段階にある.しかしながら従来工学がものづくりに大きく寄与してきたように,

サービス工学を「既存サービスの解析に留まらない，サービスづくりの学問体系」として位置づけるならば，利用者を起点とした設計・開発の実現は，今後のサービス工学教育のセントラルドグマとも言うべきテーマであろう．

　次項からは訪日観光に話を移し，利用者である旅行者を通じて得られる新たな観光情報を用いて，どのようにして観光サービスのデザインを実現していけばよいかを明らかにしていく．

10.1.4　訪日観光におけるサービスデザインの取組み

　国際観光は，高い経済波及効果，産業や雇用の創出を通じての地域活性化，国際相互理解の増進などの非常に重要な意義を有している．日本政府は観光を今後の日本の成長戦略の柱に位置づけ，「観光立国の実現に向けたアクション・プログラム2014」では訪日外国人旅行者数を2020年までに2000万人にするという数値目標を掲げている．この目標達成に向けては，いわゆる大量送客型の団体旅行だけでなく，個人手配の旅行者（FITs: Free Independent Travelers，以下，単に個人旅行者と呼ぶ）をいかに惹きつけるかが大きな鍵となる．欧米諸国からの旅行者は個人旅行の形態を好む傾向にもともとあるが，近年では韓国・台湾・中国等のアジア諸国においても個人旅行者の割合が増加しつつある．

　以上の背景に関連し，著者は科学技術振興機構による「問題解決型サービス科学研究開発プログラム」[7]において，観光サービスにおける新たな仕組み（図10.1）を目指すプロジェクトを，2010年から2013年にかけて実施した[8][9]．これは（株）ジェイティービーと首都大学東京観光科学科との共同研究である．そこでの基本アイデアは，従来の旅行会社中心のサービスづくりと，個人旅行者と旅行会社の協働によるサービスづくりとを組み合わせることにあった．個人旅行者の活動全般を対象として，彼らの期待や経験を効果的に吸い上げる仕組みを準備し，そこで吸い上げた新たな観光情報を，旅行会社，観光事業者，旅行者コミュニティ間にて共有し，多様な種類のデザインへとつなげていく．前項で述べたサービスの特徴に照らし合わせて言えば，図10.1左から右への変遷は，製品的特性が強い対象からサービス的特性が強い対象への変遷である．

　次節からは，図10.1に示したプロジェクトの内容をさらに読み解き，より体系的に説明していく．

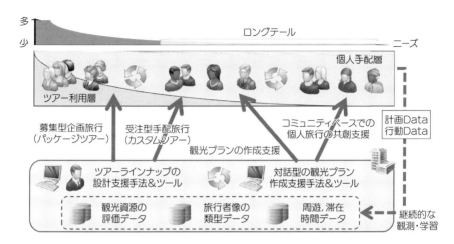

図10.1 旅行者の層とそれぞれに応じた観光サービスづくり（[9]の図を日本語化）

10.2 観光プランを，誰がいつデザインするか

著者のプロジェクトでは，GPSロガーとアンケートを用いた東京大都市圏の行動調査を2011年度に行い，470人日分のデータを収集・分析した．本章のテーマはデザインであるため，行動調査の詳細については述べないが，興味のある読者は文献[8]を参照されたい．GPSロガー，RFIDタグ，ICカード，POSシステムなどの機器を活用し，サービスの利用と利用者行動に関するデータを収集した上で，利用者の多様性をいかに分析・集約させるかが，サービス工学における基本的なアプローチであろう．

それでは，行動調査やアンケート調査から得られたさまざまな知見（たとえば観光行動の類型）を，どのようにして旅行者の利便性向上や顧客満足度へと転換していけばよいだろうか．一つの方法は，旅行会社によるデザイン，すなわち大衆向けパッケージツアーの企画支援（図10.1左）に生かすことであり，これは容易に想像がつく．もう一つの方法は，個人旅行者によるデザイン，すなわち旅行者が各自で行う観光プランニングの支援（図10.1右）に生かすことである．これまでの経済において，一般の人々は消費者（コンシューマ）と呼ばれてきたが，情報技術の発達により双方向コミュニケーションが容易となったことで，多様な価値を

生み出す共同生産者(プロシューマ)としての新たな役割を期待されるようになっている.このように,提供者からの一方向的な価値提供ではなく,サービスの提供者と利用者とが協働して新たな価値を生み出す考え方は,価値共創(Value co-creation)と呼ばれ,サービス学のキーワードである.

そこで本節では,個人旅行者によるプランニングと観光行動全般について明らかにした後,それを旅行会社や観光事業者が支援する場合について述べる.次に,旅行会社の役割を進展させ,旅行会社が中心となってパッケージツアーをデザインする場合を考える.最後に,ウェブベースのコミュニティでのデザインについて述べる.

10.2.1 個人旅行者のプランニングと観光行動

日本政府観光局(JNTO)が2008年に実施した調査によれば,「訪日旅行者が日本旅行中に感じた不便・不満」項目のうち,観光案内所は第2位の28.9%にものぼった.これは,訪日旅行者がいかに観光案内所を拠り所に旅行しているかを表しているとも言える.また,2013年3月には,一般社団法人日本旅行業協会(JATA)によるツアーオペレータ品質認証制度が始まるなど,観光案内に関連するサービスの質が厳しく問われはじめている.さらには,ホテルのフロント係や観光タクシーの運転手など,もともと観光案内のトレーニングを受けているわけではないが,旅行者から観光相談を受けるようになった人々への支援も急務である.観光案内の機能は観光産業における基盤であり,幅広い観光関係者の方々の業務支援とその人材教育がより一層求められている.

では,以上の内容を個人旅行者自身が行う観光プランニングの観点から捉えるとどうであろうか.個人旅行者による旅行は,包括的な観光体験が見られる事例である.すなわち彼らは,何かしらの動機づけの後,ガイドブック,パンフレット,ウェブ等を用いて情報探索と比較を行い,どこに行き何をするかを決め,旅行計画を組み立てる.観光地に到着した後は,組み立てた旅程に沿って観光する一方,天候や体調などの状況に応じて,作り上げた旅程を適応させる.また,実際の観光行動を経て,自らの体験を評価し,かつ口コミ等で他者への情報発信を図る行為が見られる.ここで,旅行者の観光行動がいわゆる観光サービスの利用にあたるが,その利用方法は固定的ではなく,一人一人の旅行者によってデザインがなされる.

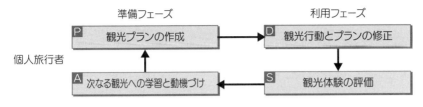

図10.2 個人旅行者による観光体験の基本サイクル

　以上の内容を，PDCA（Plan-Do-Check-Action）サイクルの観点で見てみよう．図10.2がそれである．多少ややこしいが，より入念な評価の必要性を強調するため，PDSA（Plan-Do-Study-Action）サイクルと呼ばれるPDCAの派生形を用いている．ここで，PlanとActionをあわせて準備フェーズ，DoとStudyをあわせて利用フェーズと便宜上呼ぶ．なお，本節で扱うのは個人旅行者視点であり，提供者視点でのサイクルではないことに注意されたい．

10.2.2 個人旅行者によるデザインとそれを支援する旅行会社

　情報技術の発達によって，旅行会社を通さずとも，簡単に個人で宿泊施設や航空券の手配が可能となった．しかしながら，個人旅行者にとって，土地勘のない場所に対して自分の興味や嗜好に応じた納得のいく観光プランを立てることは，未だ容易ではない．そこで次に，旅行会社や観光事業者がサポートに入り，個人旅行者による観光プランニングを支援するとともに，その観光行動を収集・分析していくことを考えよう．そのPDSAサイクルが図10.3である．旅行者が観光プランを作成する点は図10.2と同様であるが，この際に，旅行会社により整備された観光情報とセルフプランニングツールを用いることを考える．

　著者のプロジェクトと関連し，倉田はCT-Plannerと呼ぶ日帰り観光プランの

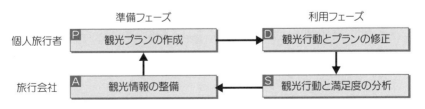

図10.3 個人旅行者によるデザインを中心とした観光体験のサイクル

図10.4 CT-Planner（個人旅行者向けの対話型観光支援ツール）

対話的作成支援ツール（図10.4）の開発を行ってきた[*1][10]．本ツールでは，旅行者が出発地と終着地，観光時間帯，および嗜好プロファイルを入力すると，推薦プランが旅行者に提示される．そして，提示された推薦プランをたたき台に，旅行者とツールとが対話を繰り返すことで，観光に対する曖昧な要求の段階的な明確化と観光プランの個別化・カスタム化を実現していく．

　かねてより，観光プランを推薦するツール（Tourist Recommender Tools）は数多く開発されてきた．しかしながら，観光などのように利用が一度限りもしくは低頻度のサービスにおいては，Amazonなどのeコマースで見られるような過去の大量の購買履歴を活用する方法は難しい．一方，大量のアンケート等を通じて，利用者の精緻な嗜好プロファイルを毎度獲得する方法が考えられるが，個人旅行者を想定した場合，事前の負担が大きくなりすぎる．また，いずれの方法にせよ，最適解とされる案を一方向的に提示することに対して，利用者に旅行条件や要望を認識させるような観点が欠落しているという批判もある．これに対して，対話型設計支援とは，最適解をいきなり提示するのではなく，まずは暫定解を提示し，それに対する利用者の主観的な評価をフィードバックし，さらに精度の高い解の

---

*1　http://ctplanner.jp

10章　観光情報が拓く観光サービスのデザイン

生成を目指すやりかたである．こうした対話型設計支援は，利用者が自身の嗜好や要件を最初から熟知することが難しい財・サービスに有効であり，工業製品の意匠設計などにも利用されている．

観光に関するトレンドは，観光地域や社会情勢だけでなく旅行者個人の経験の度合いに応じても容易に変化する．CT-Plannerのようなセルフプランニングツールを用いることで，GPSロガー等を用いた「調査のための調査」とは異なり，個人旅行者の「自分自身でプランニングし，より良い観光をしたい」というニーズに訴求するサービスを実現しながら，個人旅行者の嗜好やトレンドに関するデータを収集するという「サービス提供を通じた持続的な調査」が可能となる．こうして得られるさまざまなデータを，旅行会社，観光事業者，地方自治体間で蓄積・共有していくことで，増加し絶えず変化する旅行者のニーズやトレンドを的確に汲みとれるだけでなく，提供者サイドからの一方的な思考では見逃してしまう隠れた観光資源などが見つかるであろう．

一方で，個人旅行者は自身による事前プランニングの後，実際に日本を訪問・観光中に，当日の天候や体調，期待との不一致など，その時々の状況に合わせて観光プランの修正・適応を適宜行う．これらの過程に対して，GPSロガーなどを用いることで，実際にどのような観光がなされたのかという行動データを計測・収集できる．そして，これらのデータと，セルフプランニングツールで得られたデータとの差分を取ることで，事前計画と実際の差異（ギャップ）の明確化を期待できる．

10.2.3 旅行会社によるデザイン

旅行会社の役割をもう一歩進めて，大衆向けパッケージツアー（募集型企画旅行）の企画と作り込みを考えてみよう．図10.5にPDSAサイクルを示す．このう

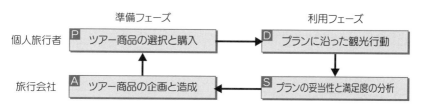

図10.5 旅行会社によるデザインを中心とした観光体験のサイクル

ち，旅行会社はStudyとActionを担う．旅行者の誰もが個人旅行の形態を好むというわけではなく，パッケージツアーの安心感と手軽さを好む層は確かに存在する．パッケージツアーの企画と造成活動は，工業製品の設計・生産活動とよく似ており，旅行会社へのインタビュー等を通じて，以下の四つの活動が見られることを確認した．

(1) マーケティング：市場ニーズを調査し，ツアーのコンセプトを決定する．
(2) 概念設計：ツアー商品のコンセプトを詳細化し，要求仕様を決め，ツアーの内容（機能）を分解・詳細化していく．
(3) 実体設計：分解・詳細化したツアーの内容（機能）を，観光施設，宿泊施設，移動手段，現地ガイド等の実体的要素（部品）に割り当てる．観光ツアーの場合には，各部品が機能完結的であり，機能の構造と部品の構造とが同相であることが多い．
(4) 組立設計・部品生産：選定を行った部品間の時間的・空間的な配置を調整し，ツアーの旅程を組み立てた後，部品を必要な量だけ手配する．旅行業界ではこうしたプロセスは一般に造成と呼ばれ，これは製品設計における部品間のインタフェース（情報やエネルギーを交換する連結部分）を調整する組立工程と類似する．なお，部品生産は，旅行会社自身が手がける他，観光事業者等のサプライヤへの発注を通じて行われる．

このように考えると，工業製品で用いられてきた設計方法が，観光ツアーの設計にも応用できそうである．工業製品の設計がCAD（Computer-Aided Design）と呼ばれる計算機ソフトウェアで支えられているのと同様に，観光ツアーを対象としたCADがあっても不思議ではない．著者のプロジェクトでは，観光ツアーとその機能の計算機上での表現，ツアーバリエーションの創出方法，複数ツアーの同時催行性の評価技術などを用いて，ツアーラインナップの設計支援ソフトウェアを構築した[11]．10.2.2項で述べたセルフプランニングツールはGoogle Maps上での観光ルート表示を中心とした直感的かつ簡便なものであったのに対して，本ソフトウェアでは，旅行者の要求，観光資源の機能，ガイドなど人的要素の機能を細かに定義した上で，専門家同士が議論を重ねながら観光ツアーを作り込んでいく．

パッケージツアーの基本的アイデアは，星の数ほど存在し得る観光プランの中から，一度に多くの旅行者に訴求できる有望なプランを選ぶという大量生産的発想である．しかしながら，工業製品において多品種少量生産が実現されているように，観光ツアーの設計・生産技術を高度化させていけば，ツアーバリエーションによってより細やかな旅行者ニーズに訴求できる可能性が大いにある．

10.2.4　旅行者コミュニティによるデザイン

　最後に，多様な観光サービスのデザインをより持続可能なものとするために，個人旅行者の観光体験に関する情報を，旅行者コミュニティにて共有する方法（図10.6）を考えてみよう．個人旅行者の観光行動や観光後の感想等の情報を，他の旅行者と共有することにより，需要の喚起と新たなアイデアの発想がなされる可能が大いに高まる．近年では，こうした個人旅行者による情報発信に注目したインターネット上の旅行関連ソーシャルサービスが急増している．TripAdvisor（トリップアドバイザー）は口コミサイトの最たるものであるし，最近ではTrippiece（トリッピース）という旅行者によるツアーコンセプトの共同作成（共創）が人気を博している．加えて，図10.4のセルフプランニングツールなどを用いて，行動や評価の前段にあった観光プランの情報を旅行者コミュニティ内で共有していくことができれば，コミュニティを介したオープンなデザインが加速されるであろう．

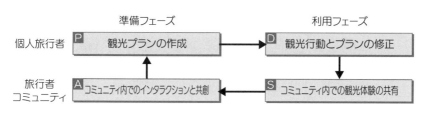

図10.6　旅行者コミュニティによるデザインを含む観光サイクル

10.3 観光情報が拓く観光サービスのデザイン

10.3.1 旅行者を起点とした多様なデザインアプローチの協働

これまでに紹介したサイクルをつなげたものを，図10.7に示す．これにより，旅行者を起点とした観光サービスのさまざまなデザインアプローチを俯瞰できる．これまでは全て同一方向にサイクルを見てきたが，本図では上下左右が反転したサイクルが見られることに注意されたい．図左下にはパッケージツアーの利用に関するサイクルが，図右下には旅行会社が個人旅行者によるプランニングを支援するサイクルが記されている．また，図上部には，旅行者コミュニティ内での相互作用を含んだサイクルが記されており，相互作用の度合いの強さに応じて，左右2種類のサイクルに派生している．

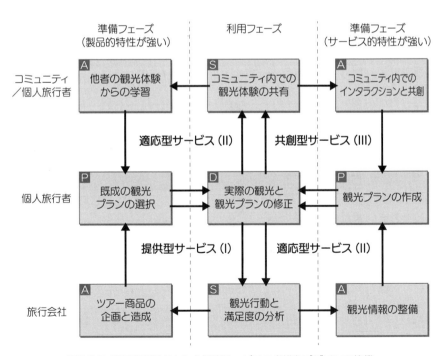

図10.7 旅行者を基点とした観光サービスの多様なデザインの協働

すなわち，左側の準備フェーズでは，旅行会社あるいは他の旅行者によって準備された知識や観光プランをほぼそのまま選択することから，10.1.3項で述べたように製品的特性が強い．一方，右側の準備フェーズでは，旅行会社あるいは旅行者コミュニティの力は借りるものの，旅行者自身が観光プランを組み立て，決定をする．これは，10.1.3項で述べたサービス要素でいう(c)に該当し，サービス的特性が強いと考えることができる．

また，図中央の利用フェーズは，2種類の準備フェーズで共有されている．特に，旅行者の観光体験そのものにあたる要素は図中央に位置し，4種類全てのサイクル間で共有されている点が特徴である．

10.3.2 どのような価値をデザインしているか

図10.7の各サイクルには，提供型，適応型，共創型とラベルがついている．これらの型は，上田らによる価値創成の分類[12]をもとにしている．以下，それぞれについて簡単に補足しておく．

提供型サービスとは「誰のどのような価値に対して，どのようなサービスを，どういった環境で提供するか」を予め決めたサービスである．たとえばファーストフード・サービスや製造業製品の定期保守である．図10.7では左下のパッケージツアーがこれにあたる．

適応型サービスは，提供型サービスと同じような枠組みではあるものの，環境が変動するため，事前の予測が困難であると考える．つまり，「変動する環境に合わせて，サービスの内容をその場で適応させ，提供するサービス」であり，たとえばインターネット上の商品の個別推薦サービスである．図10.7では右中段の個人旅行者によるセルフプランニングがこれにあたる．

共創型サービスは，提供者と利用者とが相互作用をしていく中で，互いが想定していなかった新たな価値を見出していくサービスである．たとえばWikipedia，Linux，App Storeなどのオープンサービスがこれにあたる．図10.7では右上の旅行者コミュニティ内での共創がこれにあたる．

ここでのポイントは，どの型のサービスが優れているということではなく，それぞれの型に特徴があって，相互補完の関係にあるということである．提供型，適応型，共創型の観光サービスを協働させることで，旅行者の異質性と多様性に対するより的確な対応と，観光サービス開発の持続可能性の強化の双方を期待できる．

10.4 おわりに：価値共創の時代と，変化する旅行会社の役割

　観光情報とサービス工学は密接な関わりを持つ．サービス工学という言葉が目指すべき本質は，既存サービスの解析に留まらないサービスづくりにある．そのためには，利用者参加と利用者からのフィードバックをもとにしたデザイン論の確立が望まれる．観光分野においても同様であり，主流となった個人旅行者のプランニングと観光行動を通じて得られる新たな観光情報を起点として，次なる観光サービスのデザインへとつなげていく仕組みが求められよう．

　旅行会社はこれまで，専門家としての経験・知識をもとに，大衆向けの観光旅行商品を販売する役割を主に担ってきた．今後は，個人旅行者という「非専門家による観光プランニング」を積極的に支援しながら，そこで得られる大量の旅行者データをもとに，地域の街づくりへとつながるようなサービスのパッケージ化を担う存在へと変わっていくのではないだろうか．

謝辞

　本研究は，科学技術振興機構 社会技術研究開発センター「問題解決型サービス科学研究開発プログラム」の平成22年度採択プロジェクト「顧客経験と設計生産活動の解明による顧客参加型のサービス構成支援法 ～観光サービスにおけるツアー設計プロセスの高度化を例として～」の成果によるものである．

10章 章末問題

問題 1 本章では，個人旅行者の能動性・自発性を起点に，さまざまな観光情報を循環させながら提供型・適応型・共創型の観光サービスを協働させていく枠組みについて示した．この枠組みにおいて，個人旅行者を別の立場に読み替えることで，別分野のさまざまなサービスを理解・検討することができる．たとえば，観光をランニングの文脈に置き換え，adidasが手がけるランナー向けサービスとランナーの行動間との関係を，図10.7を書き換えることで分析してみよ．

・・

参考文献

[1] 前田 勇：『観光とサービス観光とサービスの心理学―観光行動学序説』，学文社（1995）．
[2] 平成22年版 観光白書，国土交通省 観光庁（2010）．
[3] サービス学会 ホームページ．
http://ja.serviceology.org/（2015年3月31日現在）
[4] Innovate America, Council on Competitiveness（2004）．
http://www.innovationtaskforce.org/docs/NII%20Innovate%20America.pdf（2015年3月31日現在）
[5] 藤田豊久, 太田 順（編著）：『人工物工学入門―共創によるものづくり―』，東京大学出版会，2015年4月刊行予定．
[6] 赤松幹之 他（監修）：『サービス工学―51の技術と実践―』，朝倉書店（2012）．
[7] JST/RISTEX 問題解決型サービス科学研究開発プログラム ホームページ．
http://www.ristex.jp/servicescience/（2015年3月31日現在）
[8] 原 辰徳 他：サービス工学は観光立国に貢献できるか？ GPSロガーを用いた訪日旅行者の行動調査とその活かし方，『情報処理学会 デジタルプラクティス』特集号「情報が観光を創る・磨く・鍛える」，Vol.3, No.4, pp.262-271（2012）．
[9] T. Hara, S. Shimada, and T. Arai: Design-of-use and design-in-use by customers in differentiating value creation, *CIRP Annals-Manufacturing Technology*, Vol.61, No.1, pp.103-106（2013）．
[10] 倉田陽平：あなただけの街歩きプランを―対話的旅行プラン作成支援ツールの開発―，『システム／制御／情報（システム制御情報学会誌）』「システム情報技術と観光の接点」特集号, 57(8)（2013）．

[11] J. Hirota, Y. Ogihara, K. Oizumi and K. Aoyama: Design of Packaged Tours upon Semantic Service Model, *Serviceology for Services: Selected papers of the 1st International Conference on Serviceology*, pp.213-226, Springer (2014).
[12] 竹中 毅, 内藤 耕, 上田完次：価値共創に向けたサービス研究戦略,『情報処理学会論文誌』, Vol.49, No.4, pp.1539-1548 (2008).

11章

観光地イメージと
サービス・マーケティング

本章では，目的地として観光客に選ばれるような観光地になるために，多様な仕事を含む観光地のイメージ形成とブランド管理の方法について，ITやソーシャル・メディアとの関わりの深い分野を整理している．イメージは実際の顧客満足によって大きく左右されるため，観光地が提供するサービス品質をどう維持するかについても説明を加えている．観光地において観光を促進するマーケティングに携わっているか，あるいは将来そういった仕事を目指している方が，現在の観光情報技術を使って，どのようなを仕事をすべきかについてのヒント集といった位置づけの章である．

11.1 観光とイメージ

観光を考えるにあたって，イメージの問題を切り離すことはできないと言われる．人が「旅行をしたい」とか「観光を楽しみたい」という思いを抱くとき，そこには大きく二つの動機づけがあると考えられる．一つ目は，映画やテレビ，雑誌や書籍に物語やニュースなどのコンテンツとして登場した地域に興味や関心を持ったことから，その地に行ってみたいという欲求を持つことである．二つ目は，旅行代理店の広告やプロモーション，特定の地域や組織が仕掛けるキャンペーンによって，旅行・観光したいという欲求を持つ場合である．前者の場合，必ずしも観光を促進するためのものではなく，行きたいと思ったのはそのコンテンツと個人的関心がたまたま合致したに過ぎないから，そこから生まれた欲求は間接的なものである．対して後者の場合は，マーケティング手法によって観光を促進しようという意思が仕掛けた側に明確であるので，そこから生まれた欲求は直接的なもので

ある．このような区分について，Gunn[1]は，前者を有機的イメージ（organic image），後者を誘発的イメージ（induced image）と呼んでいる．ただし，こうした区分は目安に過ぎず，実際には受け手の訪問経験によっては複合的なもの（複合的イメージ）となるし，訪問経験を持つ人の経験談を口コミによって受け手が追体験すれば，擬似的なもの（疑似的イメージ）にもなりえる．

　イメージの問題は観光分野で事業を行うものにとって無視できないものであると同時に，非常に複雑でやっかいなものでもある．製造業であれば自社が生産する製品は，自らの企業イメージのもとで製品イメージを管理できる．たとえば，メーカーから新商品が発売されたときに，広告や報道で我々はそれを知ることが多いが，企業広告は誘発的イメージによってコントロールされているし，新聞報道はその企業の過去の経歴や実績に基づいてその新商品を表現するため，企業イメージすなわち有機的イメージからそれほど外れることはない．ところが観光業では，いかに素晴らしい宿泊施設や観光施設をどこかの地域に作っても，その地域が一般に魅力的な観光地として認識されていなければ，顧客は利用する気にはならないであろう．製造業の有機的イメージは主に企業組織がコントロールできるが，観光業の有機的イメージは企業組織単体ではなく，その企業が立地する地域に依存しており，一企業のレベルではコントロールできないような拡がりをもっているのである．

11.2　観光目的地（デスティネーション）と観光情報

　観光客が訪問先に選んだ地域のことを観光目的地（destination, デスティネーション）と呼ぶ．人々に観光行動を起こさせるには，地域の名前が知られているだけではなく，その地が観光に適した地域であるというイメージを多くの人々が共有している必要がある．そのイメージ共有化を実現するために誰もが思いつくことが，効果的な情報発信ということではないであろうか．そこでまず最初に観光情報発信に関するトピックを扱うことにする．

11.2.1　観光地ブランド

　イメージについては，冒頭でGunnの整理をもとに有機的，誘発的，複合的そし

表11.1 観光地イメージの成り立ち

	有機的イメージ	誘発的イメージ	複合的イメージ	擬似的イメージ
訪問経験の有無	なし	なし	あり	なし
動機づけの背景	各種コンテンツが個人の関心と結びついて生まれるイメージ	観光を促進することが意図された広告・広報が生むイメージ	有機的・誘発的イメージが訪問経験と複合化したイメージ	他者訪問経験を口コミ情報等で疑似体験して生まれるイメージ

て擬似的なものであると述べた．それらの成り立ちを簡単に整理しておけば表11.1のようになる．

　表11.1で整理されたイメージはそれぞれが独立したものではない．たとえば，何らかの有機的イメージを旅行前に持っていた人が，旅行完了後にソーシャル・メディアに体験談を投稿すれば，それは複合的イメージを持つ口コミ情報に変化する．そして，それを旅行前に目にした人が次に抱くのは，擬似的イメージである．有機的イメージと誘発的イメージも完全に分離したものではなく，どちらの影響をより強く受けるかは人によって異なるであろう．擬似的イメージを旅行前に持っていた人が旅行後に形成するイメージも複合的イメージであるから，お互いに影響を及ぼし合っている．

　このように，それぞれのイメージは個人個人でさまざまであるというのが実態である．この違いが生ずるのは，イメージという捉え方が受け手の立場から見た言葉であることに原因がある．そこで，ここでは一旦イメージをコントロールする側の言葉に置き換えて議論したい．

　具体的には，多様なイメージが受け手によって生まれることを前提にしつつも，それらをなるべく統一されたイメージの下に調整する送り手側の努力を表す言葉に「ブランディング」というものがある．これは文字通りブランドを創出あるいは維持するための行動のことを示している．

　フランス製の高級バッグを想像していただきたい．ルイ・ヴィトンやエルメスといった企業は，広告を極力使わない企業として知られる．こうした企業は，広告の技術を使った誘発的イメージによって高級感を演出するより，伝説や権威に結びつけるような有機的イメージの方に，本物の高級さが宿ると理解しているので

あろう.確かに,いかに優れた広告表現を用いたとしても,軽自動車が買えるような値段が付いたバッグ(エルメスの「バーキン」など)に妥当性を感じさせることは難しいであろう.しかし,こうした高級バッグは,量産化によらず全て熟練の職人によるハンドクラフトによって作られており,限定商品であることも珍しくない.高い値段の背後にある秘密を知っている人は,バッグの本当の価値を理解できる人であろう.とはいえ,秘密についてはあいまいであっても,信頼できる人が高級だと評価するから自分もそう考えたという擬似的な態度の人もまたいるであろう.ブランドとはすなわち,有機的,誘発的,複合的,擬似的といったあらゆるイメージの認識のされ方によって捉えられている対象物のメタイメージなのである.イメージが個人の持つものだとするならば,それらの積み重ねによって構成される全体的イメージがブランドだと考えてよいかもしれない.

同様に「観光地ブランド」という言葉を考えてみよう.ある特定の観光地について人々が持つ観光地イメージが,さまざまな形容詞で語られるほど多岐にわたっていたとしても,それらの言葉の中には多くの人々が了解できる最大公約数的なものが必ずある.つまり,その観光地を形容する最大公約数的な言葉が広く認識されれば,それは観光地ブランドとして確立したものになるわけである.

図11.1は,観光地ブランドが確立する過程を概念化したものである.観光地の中にある風景,文化,自然環境,施設・アトラクション,歴史的背景などは観光資源という言葉で表されている.これら観光資源は日常生活にありふれたものであることがほとんどであるため,送り手側が,何を売りにするかについてコンセンサスを形成しておかなければならない.このステップが価値共有である.価値共有がなされていれば,どの観光資源を発信するかについても合意が得られるので,集中化された効果的広告を打つことができるし,何かに集中している様子が報道によって取り上げられることもあるかもしれない.

図11.1 観光地ブランド[2]

あたかも高級ブランドバッグの価値について，多くの人々が高級なものとして認識しはじめるように，資源の価値が送り手側にまず共有され，それが情報として発信されることで，受け手側も同じ価値の共有ができるようになる．つまり，共有された価値が特定の人々だけでなく多くの人々にも定着するということである．

11.2.2 インターネットと観光地ブランディング

共有された価値がブランドの源だとするならば，統一されたメッセージを持つ情報発信は，観光地ブランドを効果的に形成するものになるはずである．実際，こうしたブランド統一のための努力はさまざまな地域で行われている．具体例として，イギリス（グレートブリテンおよび北アイルランド連合王国）には，英国政府観光庁（Visit Britain）のもと，地方ごとにイングランド観光局（Visit England），スコットランド観光局（Visit Scotland），ウェールズ観光局（Visit Wales），北アイルランド観光局（Northern Ireland Tourist Board），ロンドン観光局（Visit London）が置かれている．

五つの地方の観光局はいずれも国の観光機関の出先であるが，その地域の観光地としてのブランド管理を行う努力をしている．たとえば，ウェールズ観光局の場合，図11.2のように自らがコントロールできるウェールズ観光局サイトとブログなどの自メディア（owned media）を中心とし，それをとりまく個人ブログや，

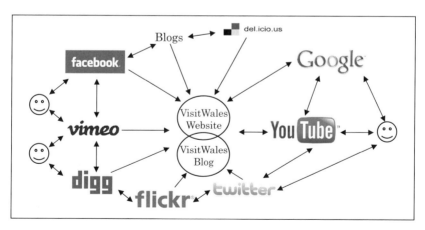

図11.2 獲得メディアスペースの中の自サイトの存在感（出所：[3], p.148）
※各サービスについては章末で解説

Facebook, Twitterなどのソーシャル・メディア，ビデオ・写真共有サイトなどの獲得メディア（earned media）の影響を受けつつも，自メディアの存在感を際立たせるための動きを行う．これらの動きには，検索順位を上げるためのSEO（Search Engine Optimization）のような地道な努力から，一部の検索サイトへの広告出稿（bought media）など，費用のかかるものまでを含む．

メディアスペース上には，個人のイメージを左右する素材があふれている．動画や写真共有サイトにアップされたコンテンツは，直接ウェールズへの旅行を呼び掛けるものでなくても，個人が持つ別の記憶と結びついてウェールズへの関心を引き立たせるかもしれない（有機的イメージ）．

また，GoogleやFacebookに広告として出稿されたウェールズ観光に関する情報は，それらのサイトがもともと個人の興味や関心に基づく広告をピンポイントで出す仕組みを備えているため，ウェールズに興味がありそうなターゲット顧客を選別して広告を表示できるので，通常の雑誌広告よりも観光行動を引き起こす効果は大きい（誘発的イメージ）．

Twitterや個人ブログの中にアップされたウェールズ観光の体験談のような情報は，それ自体が訪問前のイメージと実際の訪問経験とが混合して新しいイメージになったものである（複合的イメージ）．さらに，その情報を参照した人に，あたかもウェールズ観光を追体験したかのような気持ちを起こさせる（擬似的イメージ）．

こうした個人のイメージの集積が，ウェールズの観光地ブランドを決定する．現代はソーシャル・メディアが急速に発達したために，個人の抱いたイメージが急速に拡散したり，ネット上の世論（ネット世論）のような共通認識が簡単に形成されやすいということもあって，観光地ブランドを管理するにあたっては，インターネットとの関係には特に配慮する必要がある．

11.2.3　観光目的地における観光振興組織（DMO）の役割

観光地ブランドを管理するために誰がインターネットとの関係を配慮するかについては，その地域がおかれた状況に応じて考えなければならないであろう．通常，こうした組織はブランドをつくる（ブランディング）役割も与えられているだけでなく，観光客を観光地に訪れさせるためのマーケティング活動全般についての戦略を立案する立場にあることが多い．

ブランディングとマーケティングを統合的に行う主体組織のことを，一般的にDMO（Destination Marketing Organization）と呼ぶ．ただし，DMOは一様ではなく，表11.2にあるように地域レベルをRTO（Regional Tourism Organization），国家レベルをNTO（National Tourism Organization），州レベルをSTO（State Tourism Organization）と呼び分ける場合がある．ただし，これらの総称としてDMOという用語をあてることも一般化しており，全てをDMOと呼んでしまっても実務上は差支えない．観光地にある民間企業や非政府機関がDMOとなる場合もあれば，国家レベルでDMOとしての機能を備える国・地域もあるし，州政府レベルでDMOを置く場合もある．また，これらは公的セクターによる運営か民間セクターによる運営かは国・地域によって異なっており，両セクターのゆるやかな連携によって，DMO的な組織間関係を実現する場合もあるので，対象範囲だけでなく設立基盤もさまざまである．

　DMOは，地域内外をつなぎ，とりわけ地域内部を調整しながら統一的な動きを実現するという点で，特別なノウハウを必要とする．そのため，欧米やオーストラリア，ニュージーランドなどではDMOに関する実践例が先行し，それに合わせて学界における理論的進展も追随して発展する傾向が見られる．

　DMOに関する教科書的な書籍をいくつか執筆しているPikeは[4]で，DMOとは「識別可能なデスティネーションのマーケティング責任者であり，計画と政策に責任を持つ政府部門とは区別される」と一応の定義をしている．一方で，Pikeは同書で他の用語として，RTO, NTO, STOといった言葉を紹介している．この中で，NTOやSTOは表11.2にあるように政府部門であることがほとんどだが，仮にこうした政府部門がデスティネーションのマーケティング責任者になっている

表11.2 観光推進組織（DMO）の区分目安

対象範囲	一般的な呼称	日本における例
地域レベル	RTO (Regional Tourism Organization)	都道府県・市町村規模のさまざまな組織 （特にMICE推進機能を持つ組織）
国家レベル	NTO (National Tourism Organization)	日本政府観光局（JNTO） ＊本書の例では， 　英国政府観光庁（Visit Britain）
州レベル	STO (State Tourism Organization)	（日本に州がないので当てはまらないが， 　北海道観光振興機構は近い例）

場合は，先の定義の前半部が優先され，DMOとみなしても構わないことになる．

実際，オーストラリアではタスマニア州政府観光局のように，タスマニアというデスティネーションのブランド管理に，DMOとして責任を持つ地方政府の部門が存在している．州政府の組織であるからSTOの用語をあてるのが正確であるが，タスマニア州政府観光局は「ブランドタスマニア」を擁し，地域のブランドイメージの維持と形成，予約システムを開放して外部の旅行会社への利用を認めるなど，各種マーケティングのサポートを行っており，その動きは民間組織と遜色がない[5]．

このようにオーストラリアやニュージーランドでは，政府観光局が実質的なDMOとなっている例は珍しくない．その一方で，日本においては，DMOに関する研究はもちろん，マーケティング機能を整備したタスマニア型のDMOを設立する動きはまだない．たとえば北海道には，公益社団法人北海道観光振興機構があり，北海道観光を促進するための各種事業や調査を行っているが，商品流通のためのマーケティング機能までは持っていない．

11.3 観光地のサービス商品と情報技術

地方政府の観光局や観光まちづくりに携わる事業者の視点で行うマーケティング活動については，日本では未だ実務的なノウハウが蓄積していないと思われる．英語圏の観光系の大学では，「デスティネーション・マーケティング」という科目が設置されていることが多い．これは観光目的地のためのマーケティングといった意味合いで，日本に置き換えて説明すれば，首都圏や近畿に本社を置く旅行代理店のパッケージツアーのマーケティング活動を中心に考えるのではなく，その旅行代理店にサプライヤー（パッケージツアー商品の一部を提供する企業）として関わる方法や，自ら顧客に対してマーケティングを行う方法について教える科目である．こうしたノウハウもまた情報技術の支援を受けて進化していくので，ここでまとめておくことにする．

11.3.1 デスティネーション・マーケティングをとりまく事業者

ある特定の地域を観光目的地とし，これに対応する地域のウチとソトに存在す

る事業者の視点の違いを説明しておきたい.図11.3はパッケージ・ツアーなどで主流となっているマーケティング・フローの典型例である.旅行者が目的地までたどり着くために必要な仕組みのことを「観光システム」というが,本来の観光に必要な機能だけ考えれば,サプライヤーと呼ばれる業者の組合せさえあれば,旅行者は観光システムを手に入れることが可能なはずである.しかし実際には,ホールセラーである旅行代理店が航空券やホテルの空室などを大量に抑えることでパッケージ商品はより安価になるため,旅行者にとっても益が大きい.そして,ホールセラーは大量に顧客を獲得するために,リテーラーである旅行販売店の力を借りて,全国から旅行者を募集することになる.

日本ではホールセラーとリテーラーは同一の企業あるいは企業グループで運営されることが多いので,両者の境界はあいまいである.また,サプライヤーであっても,大手航空会社のように,自らホールセラーやリテーラー業務に乗り出し,垂直統合されたビジネスを展開し,独自にスケールメリットを追求できる企業もある.たとえば,JALの飛行機に乗って現地のJALホテルに泊まる旅行商品を,JAL系列のホールセラーとリテーラーを経由して購入する場合は,観光目的地のソトの事業者によって観光システムが完結していることになる.ただ,一般的に魅力ある観光システムを構成することは,観光目的地の内側にいる企業の協力を得なければ難しい.そのため,観光目的地のソトにいるホールセラーは,地域内部の事情をよく知るために,観光目的地の内部に「ランドオペレーター」と呼ばれる事業体を自ら設立したり,現地資本のランドオペレーターと提携関係を結ぶことも少

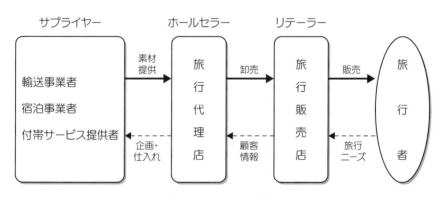

図11.3 一般的な旅行マーケティングが前提とする流通構造

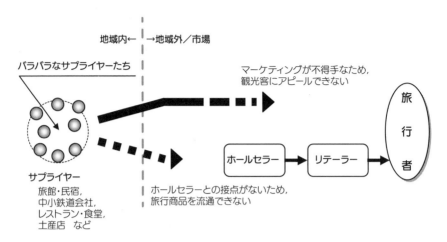

図11.4 着地側のマーケティング力の弱さ[6]

なくない.

図11.3が旅行業界の基本形であることには変わりないが,現在はインターネットの普及により,サプライヤーによる旅行者への直販現象も増加しており,インターネット予約サイトというパワフルなリテーラーの台頭で,ホールセラーの中抜きも生じている.結果として,実店舗としてのリテーラーはもちろん,大手旅行代理店や大手サプライヤーの支配力は相対的に弱くなってきている.

しかし,大手旅行代理店の支配力が弱まったからといって地域の側のサプライヤーの力が強くなるわけではない.図11.4に示すように,地域内サプライヤーは従来型のビジネスに対応することに慣れすぎてしまって,自ら直接的に顧客に対してマーケティングをする力が弱いのである.また,そのままではバラバラな状態にある地元資本のホテルや旅館,さらにレストランや食堂,土産店などを,地域の側で調整しながら自ら商品を造成し,それを旅行代理店経由で販売する間接的なマーケティング力も弱い.これまで地域の外にいる観光客を相手に直接的マーケティングを展開してきたサプライヤーは,地域にはほとんど存在していなかったし,それを組織するノウハウそのものがないのである.

11.3.2 着地型観光のためのマーケティング・システム

多様なサプライヤーをどう調整するかという視点は,前節におけるブランド管

理の問題に通じる．DMO的な組織が，地域内をブランディングして，さまざまな関係者を調整すれば，統一的な価値を外部に発信でき，結果として地域の外にいる観光客の個々のイメージも操作できるのである．

それでは，ブランディングをするために効果的な方法はどのようなものであろうか．DMOにマーケティング機能がある場合はそこに任せることになるが，DMOが存在しない日本の地域の場合は，DMOに似たシステムを地域の側で用意するしかない．現在の日本でこれに近い機能を持っているのが，着地型旅行会社と呼ばれる企業や，国内ランドオペレーターと呼ばれる組織である．いずれも地域の内と外との中間に何らかのシステムが働くことが期待されていることから，ここでは中間システムと呼んでおく．中間システムを介在させたマーケティングのあり方は図11.5のように整理できる．

ここでは，観光客に対する直接的マーケティングだけでなく間接的マーケティングについても中間システムが行うことが想定されている．サプライヤー個々が外向けマーケティング活動をするより効率がよいことはもちろん，一つの組織にマーケティング・スキルが集中的に蓄積される点でも優れている．

中間システムは，前述のようにDMOや着地型旅行会社，ランドオペレーターなどの機関，企業あるいは組織がそれを担うことが期待されるが，将来的には情報システムがそれを代替することがあり得るかもしれない．また，中間システム

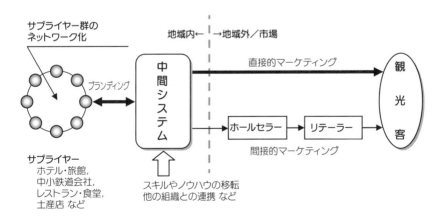

図11.5 着地型観光に必要なマーケティング・モデル[6]

が調整するのは，一つの旅行商品を作るために必要な事業者を組み立てるという商品造成の側面と，観光地としての商品の品質管理を行う側面が考えられる．商品といっても，観光業であるから，その品質管理とはサービス品質の管理ということなる．このような事情から，着地型観光のためのマーケティング・システムはサービスのマネジメントという問題を含むのである．

11.3.3 サービスをマネジメントするための考え方

サービス・マネジメントの分野で古典とされる研究において，高質のサービスを提供するための「サービス・マネジメント・システム」の考え方の中には，図11.6のようにサービス・デリバリー・システムという要素があり，その中ではITの有効活用の重要性が指摘されている[7]．

図11.6について具体例を挙げながら順に説明しておく．最前線の従業員と顧客が出会うほんの15秒の「真実の瞬間」を大事にするスカンジナビア航空では，ビジネス旅行者を優先するクラス分けを他社に先駆けて行って，そのチェックイン時間を早める方式を導入して顧客満足度を高めていた．これは「①マーケット・セグメント」の細分化という，サービス・マネジメント・システムの中の一要素にもなっている．

なお，航空会社であれば，サービス購入の最大目的は目的地への飛行である．と

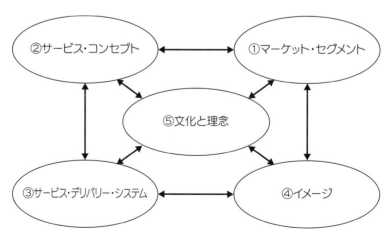

図11.6 サービス・マネジメント・システムの概念図 (出所：[7]，訳書p.83)

ころが，顧客はその周辺にあるスタッフの態度や手荷物処理やチェックインの迅速さなどをサービス購入の決め手とすることがある．これを「②サービス・コンセプト」の中の，コア・サービスとサブ・サービスとのパッケージと呼ぶ．つまり，航空会社にとって人をもてなすことは大事であるが，それを人的サービスすなわちサブ・サービスの側面でだけ捉えていると，顧客を失うことになりかねない．サービス・パッケージの中では，サブ・サービスの質の向上が，コア・サービスの質の向上につながっていなければならないのである．

「③サービス・デリバリー・システム」は，前述したようにITの発展に影響を受ける部分が多い．たとえば，文具の翌日納入を事業とするアスクル（株）の場合などは，情報技術の発展をサービス・デリバリー・システムに上手く取り入れることで，文具が「明日来る」状態を実現し，最近では当日中に送達される仕組みも構築し，自社のサービス競争力を高めていっていると言える．

「④イメージ」は，顧客と従業員の双方に作用する．特にイメージを創造する際には競争業者を上手く活用する手段が有効である．たとえば，スウェーデンの家具販売企業イケア（IKEA International Group）の場合は，イケアの発展を快く思わない国内の既存業者による圧力が強まった際に，社内の従業員の団結力が高まるとともに，家具業者の取引先を海外に広めるなどの新機軸によって，かえってイケアの国際的な名声が確立したというのである[7]．

最後に中心にある「⑤文化と理念」は，これだけをもってサービスの優秀性を示す最大要因とされることがある．たとえば，東京ディズニーランド（TDL）の従業員には，アルバイトがほとんどを占めるはずのキャスト（従業員のこと）にまで企業としての（株）オリエンタルランドの文化と理念が浸透している．キャストの「もてなし」にばらつきがないのは，文化と理念がよく浸透しているからであり，そこにTDLの強みがある．

以上がサービス・マネジメント・システムの構成要素についての解説である．近年，サービス工学の分野において，その定義が「サービス工学は，サービスを表現し，解析し，評価し，設計するための体系」[8]とされ，情報工学分野に限らず，広く工学全般に影響を与えている．研究の対象としても，その実務への応用可能性としてもITとの親和性が高いということは，サービス工学において，サービス・デリバリーの連鎖体系を媒介する中継エージェントが，いわゆる代理業者だけではなく，技術そのものによって代替可能な現実の例が増えてきたことからも推察

できよう.すなわち,サービス・デリバリー・システムがITによって発展する可能性はますます高まっている.

11.3.4 デスティネーション・マーケティングとサービス

　サービス・マネジメント・システムに関わる逸話には,一部伝説化しているものが存在する.とはいえ,伝説は奇跡から起こるわけではない.サービスに優れた百貨店として有名な米国のノードストロームでは,従業員にエンパワーメント(権限委譲)と呼ばれる自由裁量権を与え,「NOと言わない百貨店」を実現している.ノードストロームの副社長を務めたベッツィ・サンダースは,優れたサービスを提供するには,伝説をシステム化することが必要であると述べ,それにはビジョンとリーダーシップ,そしてエンパワーメント(権限委譲)が必要だとしている[9].逆に言えば,ノードストロームがエンパワーメントの仕組みを持たなければ,顧客の要求に応えることは不可能であったろう.

　しかし,顧客の要求に対して採算を度外視して対応するわけにはいかない.企業の利益と顧客満足が高い位置でバランスするポイントを探し出し,その上で事業を継続させるサービス・マネジメント・システムを維持することが,サービス企業にとっては求められていると言えよう.

　企業の売上げや利益の視点と,サービスによる顧客満足を結びつけた視点としては,図11.7のサービス・プロフィット・チェーンの考え方[10]がある.提唱者のヘスケットらは,サービス・プロフィット・チェーンがうまく回っている企業として「サウスウエスト航空」と「アメリカン・エクスプレスの旅行ビジネス」とを挙げている.両社の成功の秘訣はアウトプットとしての「結果」を顧客に返し,それを従業員の「結果」にも結びつけていることである.よりわかりやすく言えば,両社の従業員は顧客満足の結果を,従業員の結果(その多くが正当な評価・報酬)として受け取れるようにしている.このことは,図11.7の「実力を発揮できる可能性」に結びつき,「従業員満足」に直結する.つまり,顧客満足をもたらすのは,滅私奉公的にもてなすことを目指すでもなければ,利益を無視してコストを下げることでもない.顧客が「サービスの価値」に「顧客満足」を感じ,それを従業員満足に結びつける仕組みを持っているか否かである.

　ここで紹介した研究は,サービス業全般,あるいは観光にかかわりがあっても大規模な企業向けのものであった.もちろん,サービス・マネジメント・システ

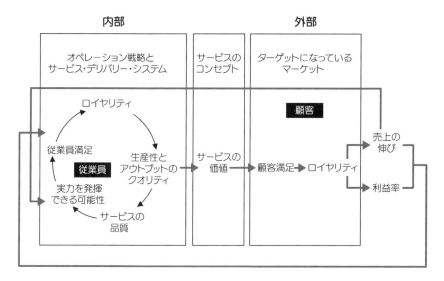

図11.7 サービス・プロフィット・チェーン (出所：[10], 訳書pp.24-25)

ムや，その発展的議論であるサービス・プロフィット・チェーンの考え方をそのまま観光地に適用することは不可能ではない．特に，考慮しなければならない要素が羅列されているにすぎないサービス・マネジメント・システムに比べると，サービス・プロフィット・チェーンは要素間の関係がはっきりと図示されており，売上の伸びと利益率の向上を考慮している点でも包括的である．

さらには，すでに紹介した着地型観光におけるマーケティング・モデルと，図11.7のサービス・プロフィット・チェーンとは構造がよく似ていることを指摘しておく必要がある．具体的には，図11.7の「内部」は，着地型観光に必要なマーケティング・モデル（図11.5）の「地域内」に相当する．同様に図11.7の「外部」は図11.5の「地域外／市場」に相当する．つまり，観光地（着地）がある一定の「サービスのコンセプト」に基づく「サービスの価値」を顧客に対して提供しようとする際，図11.5に従えば地域内において「サプライヤー群のネットワーク」という調整を行うわけだが，それは図11.7の左側にある「オペレーション戦略とサービス・デリバリー・システム」を調整することにあてはまる．

すなわち，図11.7を参照しつつ図11.5を見ると，そこで示された「ブランディング」という言葉は，観光地が目指す「サービスの品質」を担保するために，地域

11.3 観光地のサービス商品と情報技術

の人が「実力を発揮できる可能性」を整え,「従業員満足(＝地域内満足)」につなげ,「(地域)ロイヤリティ」を高めるということだと,詳しく理解することができるのである.

11.4 観光地サービス・マーケティングの新潮流

　デスティネーション・マーケティングの主体は,DMOのような準政府機関であったり,図11.5内にある中間システムのような調整型の組織である.そのため,それらに主体的なサービスのマネジメント機能を要求することは,実務的にはほとんど行われてこなかったのが現状である.DMOや調整型組織が最も重点的に行ってきたことは観光地としての誘発的イメージ発信であったからである.しかし,イメージの区分のうち,訪問経験に影響される複合的イメージを向上させるならば,観光地内部において一定のサービス・マネジメントを行うことは不可欠であろう.昨今はインターネット,とりわけソーシャル・メディアの普及によって,観光地の口コミという擬似的イメージの影響も高まっている.観光の基本はサービス業なのであるから,観光地におけるサービス・マーケティングを確立することが急務と思われる.本節ではまとめとして,インターネット時代における観光地サービス・マーケティングの新しい潮流を紹介する.

11.4.1　Web2.0時代の観光振興とSIT

　2004年以降に起こったインターネットの新しい波はWeb2.0と呼ばれる.ウェブ上にコミュニティが生まれ,そこで起こる相互作用が現実の社会に影響を及ぼしはじめる時代の到来が叫ばれた.きっかけをつくったのは,米国の技術雑誌『ワイヤード』編集長であるクリス・アンダーソンがロングテール現象について論じてから[11]であった.ロングテールとは文字通り尻尾が長いことで,恐竜の尻尾になぞらえられている.たとえば,いまや総合小売サイトになったインターネット書店の世界最大手アマゾンでは,一般のリアル書店では到底扱えないような売れない書籍やDVDを在庫しているだけでなく,その利益は売れ筋商品よりも格段に大きい.2：8の法則(パレートの法則)と言えば,通常は売れ筋の位置にある上位20％の商品(恐竜の頭の部分)が,全体の80％の利益を稼ぐことであるが,アマ

ゾンではそうではない．売れ筋商品はもちろん確実に売れているが，それ以外のめったに買い手が現れないような売れ筋ではない商品（恐竜の尻尾の部分）から莫大な利益を上げている．つまり尻尾が極端に長い構造になっているのである．

　このようなWeb2.0の波は観光や旅行の世界にも流入している．かつて観光地のイメージは，大手旅行代理店や大手航空会社，あるいは観光地のDMOなどが，主たる顧客向けの広告・広報を行うことによって形成されてきた．観光客の多くが目指す最大公約数的な観光地イメージを誘発的イメージとしてつくっていたのである．しかし，Web2.0時代には，そうした最大公約数的な観光客だけではなく，より特化されたイメージを持つ観光客にも細かく対応できる可能性があるのである．

　物見遊山を中心とする主流の観光形態ではなく個人の興味に沿った観光をすることをSIT（Special Interest Tour）と呼ぶ．こうした観光形態においては，世界遺産などのメジャーな観光地を巡ることが目的なのではなく，鳥が好きな人がバード・ウォッチングをしたり，自然の保全に関心を持つ人のためにエコ・ツアーをするなど，かなり目的が特化されたものとなる．通常，SITツアーの企画を新たに立ち上げることは，どれだけの集客が見込めるか読みにくいと考えられている．しかし，特化型の趣味を持つ人は，生活空間の中だけでは趣味を共有する人を見つけにくいため，サイバー空間（インターネット）上にコミュニティを持っている傾向がある．観光地が，こうした隠されたSITのニーズをサイバー空間から察知することができれば，地域内に受け入れ態勢をいち早く整備できるかもしれない．

　観光地にとって，広告・広報に費やせる資金は限られているから，一つの観光資源に集中してプロモーション活動をすることは大事なはずである．ところが，往々にして多くの人にとっての最大公約数的なイメージを発信し，その延長線上で広告・広報活動を続けてしまうことが多い．とりわけ自治体や行政組織による広告・広報活動にその傾向が強いが，観光地への集客にもライフサイクルがあり，将来的に成熟期を迎えれば，観光地としての衰退は避けられない．それを回避するためには，新たな観光ニーズをとらえることが必要であるし，SITのような集中化されたニーズに注力することも時には重要である．

11.3.2　ソーシャル・メディアを活かした観光地に進化する

　図11.8はWeb2.0時代におけるソーシャル・メディアを含むITを軸に，消費者

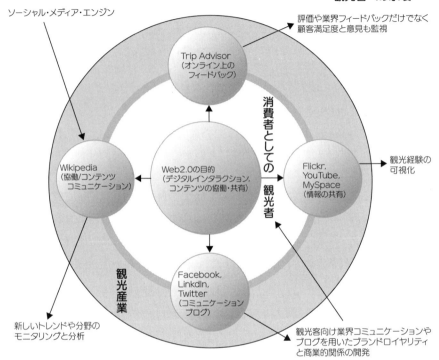

図11.8 Web2.0技術と観光 (出所：[12], p.207)
※各サービスについては章末で解説

としての観光者が未来の観光客への示唆を与える様子をPage[12]が概念的にとらえたものである．図の中心円にはWeb2.0の目的であるデジタルインタラクションやコンテンツの協働・共有といった概念がおかれている．この概念に従って，すでに観光経験を持つ者が，FlickerやYouTube, MySpaceなど（図11.8の右方向）などに写真や動画，音楽をアップロードして「情報の共有」をはかろうとする．これは未来の観光客に対して，「観光経験の可視化」という作用を及ぼす．

同様に，ブログやFacebook, Linkdin, Twitterなど（図11.8の下方向）用のコンテンツを生成する観光者も出てくるだろう．これらは書きっぱなしのブログではなく，コミュニケーション機能を持つミニブログであり，コンテンツとコンテンツがダイナミックに結びついて拡散していく．未来の観光客にも作用するメディ

アであると同時に，業界側もこのメディアを使って，観光地のブランドロイヤリティの確立や，コンテンツの持ち主にアフィリエイトへの参加を呼び掛けるなどの新たな商業的関係を構築できる可能性もある．

　TripAdvisor（図11.8の上方向）はインターネット上の旅行口コミサイトの最大手である．ホテルやレストラン，そして観光地そのものについて，自由に参加できるレビューアーが5段階の評価を加え，その平均値がサイトに掲載される．この評価を監視し，観光地の側も積極的にコンテンツをアップすることで，未来の観光客に対するアピールにつながる．

　また，Wikipedia（図11.8の左方向）は，観光地の情報を最初に調べるサイトとして定着し，他のソーシャル・メディアと連携した機能を備えつつあるので，新たな観光ニーズを知るためにも頻繁にチェックすることが求められる．

　サービス・デリバリー・システムはこれまでもITによって進化してきた．Web2.0技術によっても，新しいサービス・コンセプトは開発しうる．DMOや観光協会は，FacebookやTwitterの公式アカウントを取得するところまでは横並びで行っているが，新たな技術を新しいサービスを生むために戦略的に生かしているとは言い難い．重要な点は，今までのマス・コミュニケーションとは違い，ソーシャル・メディアはSITなどの新しい観光形態との付き合いに向いているという点である．最近はSITの一つとして，映画やドラマ，アニメーションのロケ地めぐりをする観光形態であるコンテンツツーリズムが流行っている．こうした観光では，ソーシャル・メディア上の情報で新たなロケ地ブームを知ることができるので，当該観光地が受け入れ態勢を整えたり，観光客との親交を深めたりするなど，ソーシャル・メディアの積極的な利用方法も生まれている．

　ソーシャル・メディアは，広告や宣伝媒体などの従来型メディアと同様に，観光地イメージを伝えるためのメディアとしても機能する．さらに，従来型メディアでは弱かった経験の側面を包括できるし，さらには観光客と協働するような商業的関係を構築することも可能にしている．この意味でソーシャル・メディアは，デスティネーション・マーケティングのための有効なツールである．同時に，サービス・デリバリー・システムのあり方を変えるという点では，サービス・マーケティングのための有望なツールでもあるのである．

　本書の記述を基礎に，我が国にソーシャル・メディアを生かした観光地に進化する地域がどんどん生まれてくることを期待したい．

本章で登場したサイバー空間上のサービス

- **del.icio.us**：ソーシャルブックマークサイト．URLをそのままサービス名にしていたが，現在はdelicious.comがURLとなり，2008年にサービス名もdeliciousに変更された．
- **digg**：ソーシャルニュースサイトの最大手．ソーシャルブックマーク機能を有する点では，国内で知名度の高い「はてなブックマーク」のサービスに共通する要素もある．diggにはRSSリーダーのアプリもある．
- **Facebook**：SNSプロバイダーの最大手．個人ユーザが実名アカウントによって友達同士で交流するクローズドな活用形態が基本であるが，観光地が公式アカウントをつくって情報を発信し，個人ユーザがその情報に（Like！＝いいね！）ボタンを押すことで，継続的にその地域の情報を閲覧することができるというオープンな活用形態があり，写真や動画をその観光地のファンに届けるような形で活用されている．中国大陸など一部の国・地域では閲覧制限があり，中国市場では人人網が最大手SNSとなっている．
- **Flickr**：写真共有サイトの最大手．ユーザが交流するコミュニティとしても機能するほか，ブログにFlickrの機能が活用されるなど，応用の余地がある．観光写真の共有に向いており，写真コンテストを行う際のアップロード場所としても使われる．
- **LinkdIn**：ビジネス特化型のSNSとして世界最大手．ユーザがプロフィールを登録して転職やビジネスパートナーを探すのに使われる．観光地のサプライヤーが海外の提携先を探したり，海外からの商談を呼び込むのにも活用可能．
- **MySpace**：Facebookよりも先発のSNSでかつての最大手．SNSと言えばMySpaceと呼ばれたが，近年はその立場をFacebookに譲っている．音楽ファンの利用者が多い．
- **TripAdvisor**：世界最大のホテルおよび観光地の口コミサイト．旅行予約機能はないが，広告から予約サイトに誘導する方法が可能．2008年に日本向けのサービスを開始してからは，国内観光地にとっても無視できない存在に成長している．
- **Twitter**：ユーザが140文字以内の短文を「tweet＝つぶやき」として投稿できるSNSの一種．ブログのように個人の思いを綴るために使うことができるため，ミニブログとも呼ばれていた．ユーザ同士は「フォロー」機能を使うことで結びつく．観光地が公式アカウントを作って多くのフォロワーを獲得することを目指すことが定着している．Facebook同様に中国大陸では閲覧制限があり，新浪微博（weibo）がミニブログ最大手となっている．
- **Vimeo**：YouTubeに似た動画共有サイトだが，サービス開始当初からHD画質での鑑賞に対応していたため，ビデオクリエイターに人気が高い．玉石混淆のYouTubeに比べるとより洗練された動画が集まる．
- **YouTube**：動画共有サイトの最大手．DMOや観光協会が作成した地域プロモーション・ムービーをアップロードするために使用する．現在はGoogle傘下のサービス．

11章 章末問題

問題1 観光地イメージについて述べた下記の文章の（ ）の中に，あてはまる用語を答えなさい．

　NHKで毎朝放送されるテレビドラマシリーズ「連続テレビ小説」は，舞台とされた場所に多くの観光客を呼び込むことで知られている．ドラマというコンテンツが個々人の心に響けば，舞台となった地域に訪問したことがなくても，その土地に対する特別な感情を抱く人々が現れる．こうした人々による未訪問地域に対するイメージを（　①　）イメージという．一方で，鉄道会社や航空会社が，デスティネーションキャンペーンなどのマーケティング努力により，ある地域に一定のイメージを植えつけることに成功したイメージのことを（　②　）イメージという．

　なお，ある地域に一度でも訪問したことのある人が，①や②のイメージに接した場合，その人にとっての土地のイメージは（　③　）イメージとなる．

　近年は口コミ情報サイトでの訪問経験を目にすることで，行ったことがない土地について多くの人が共有するイメージに接することが簡単な世の中になってきている．未訪問地域に対する悪い印象の（　④　）イメージが一般に形成されてしまうことは観光地にとって大きなリスクとなる．

問題2 観光地が，地域全体のサービス品質を高める努力をするために，地域の側でどのようなサービス・マーケティング活動を行えばよいかについて，あなたの身近な地域を具体例として考えなさい．

問題3 自治体がソーシャル・ネットワーキング・サービスのアカウントを取得し，情報を発信することが珍しくなくなってきている．しかし，Web2.0時代の観光振興のためには，狭い意味での情報発信だけでは不十分である．自治体は単なる情報発信以外にどのような観光情報関連業務に力を入れるべきなのか，ソーシャル・メディア対応を念頭におきながら答えなさい．

参考文献

[1] C. A. Gunn: *Vacationscape: designing tourist regions*, Bureau of Business Research, University of Texas at Austin (1972).
[2] 内田純一：観光まちづくりにおける地域ブランディングの本質,『観光の地域ブランディング―交流によるまちづくりのしくみ―』(敷田麻実・内田純一・森重昌之 編著), pp.22-35, 学芸出版社 (2009).
[3] J. Munro and B. Richards: The digital challenge, In Nigel Morgan, Annette Pritchard and Rger Pride (Eds.), *Destination Brands: Managing Place Reputation* (3rd ed.). pp.141-154, Oxford: Elsevier (2011).
[4] S. Pike: *Destination Marketing Organization*, Oxford: Elsevier (2004).
[5] 山脇亘一：政府観光局による地域マーケティング戦略,『観光の地域ブランディング―交流によるまちづくりのしくみ―』(敷田麻実・内田純一・森重昌之 編著), pp.129-138, 学芸出版社 (2009).
[6] 内田純一：地域ブランディングとマーケティングの戦略,『観光の地域ブランディング―交流によるまちづくりのしくみ―』(敷田麻実・内田純一・森重昌之 編著), pp.147-158, 学芸出版社 (2009).
[7] R. Normann: *Service Management*, John Wiley & Sons (1991). (近藤隆雄訳,『サービス・マネジメント』, NTT出版 (1993)).
[8] 新井民夫, 下村芳樹：サービス工学,『一橋ビジネスレビュー』, 54-巻2号, pp.52-69 (2006).
[9] B. Sanders: *Fabled Service*, Pfeiffer & Company (1995). (和田正春訳,『サービスが伝説になる時』, ダイヤモンド社 (1997))
[10] J. M. Heskett, W. R. Sassor Jr. and L. A. Schlesinger: *The Service profit Chain*, The Free press (1997). (島田陽介訳,『カスタマー・ロイヤルティの経営』, 日本経済新聞社 (1998))
[11] C. Anderson: *The Long Tail: why the future of business is selling less of more*, Phillips & Nelson Media, Inc. (2004). (篠森ゆりこ訳,『ロングテール』, 早川書房 (2006)))
[12] S. Page: *Tourism Management: An Introduction*, 4th edition, Elsevier (2011).
[13] E. Avraham and E. Ketter: *Media Strategies for Marketing Places in Crisis*, Oxford: Elsevier (2008).
[14] (財) 日本交通公社編：『観光読本 [第2版]』, 東洋経済新報社 (2004).
[15] 林 真希：ディスカバージャパンキャンペーンにおける観光の視点と対象に関する研究, 東京工業大学修士論文 (2005).
[16] 宮城博文：沖縄観光におけるリピート客獲得の取り組み―経験価値創造を中心として―,『立命館経営学』, 第47巻第6号, pp.135-154 (2009).
[17] 宮城博文：沖縄県ホテル業の発展と現状―訪問客の視点を通して―,『社会システム研究』, 第21号, pp.229-253 (2010).
[18] 中村 哲：観光行動に影響をおよぼすイメージと情報,『観光行動論』(橋本俊哉 編著), pp.65-86, 原書房 (2013).
[19] B. Baker: *Destination Branding for Small Cities*, Portland: Creative Leap Books (2007).
[20] 多田 治：『沖縄イメージの誕生』東洋経済新報社 (2004).

12章
観光情報システムが目指す未来

これまでの章で示したとおり，観光をする人々にとって，安心して楽しむための，あるいはサービスを提供する人々を支えるための観光情報は，この先もさまざまな形で作られていくものと期待される．一方，そうした観光分野への情報技術の進出によって，何を目指すべきか，あるいは何が達成されるべきか，考えてみることにする．そのために，まず国際的な観光動向について記述する．

12.1 UNWTOにおける国際的観光動向

国際的な観光の状況を表す指標はさまざまあるが，震災前の世界観光機関（UNWTO: World Tourism Organization）の2010年世界各国別の外国人訪問者数（表12.1）を見ると，1位がフランス（7715万人）で，米国（5980万人），中国（5566万人），スペイン（5268万人），イタリア（4363万人）と続いており，この順は長らく変わっていない．日本は30位の861万人であり，圧倒的な差がある[1]．しかし，2003年に始まったビジットジャパンキャンペーンにより訪日外国人誘致に官民挙げての取組みを開始し，2002年に524万人だった訪日外国人の数を前述の通り861万人まで伸ばしており，この時点では「2010年に1000万人」の目標には届かなかったものの，かなりの躍進を果たしたものと言えよう．ちなみに，2011年は東日本大震災のため，日本への訪問者数は622万人に留まり39位に落ち[2]，2012年ではかなり回復して約837万人，そして2013年末に1000万人の達成がなされた．

観光収益（表12.2）に関して見れば，1位が米国1035億米ドル，2位スペイン

表12.1 国別外国人訪問者数ランキング（2010年）

順位	国	外国人訪問者数（単位：千人）
1	フランス	77,148
2	米国	59,796
3	中国	55,664
4	スペイン	52,677
5	イタリア	43,626
6	英国	28,299
7	トルコ	27,000
8	ドイツ	26,875
9	マレーシア	24,577
10	メキシコ	23,290
30	日本	8,611

表12.2 国別観光収入ランキング（2010年）

順位	国	観光収入（単位：100万米ドル）
1	米国	103,505
2	スペイン	52,525
3	フランス	46,560
4	中国	45,814
5	イタリア	38,786
6	ドイツ	34,675
7	英国	32,401
8	オーストラリア	29,798
9	マカオ	27,790
10	香港	22,200
19	日本	13,199

525億米ドル，3位フランス465億米ドル，4位中国458億米ドル，5位イタリア388億米ドルとなっており，日本は19位132億米ドルとなっている．米国の収益は突出しており，また訪問者数の多い国が上位にいるとともに，訪問者数がそれほどでもないにもかかわらず，収益性の高いと見られるオーストラリア，マカオ，香港が上位に入っているのが見て取れる．物価等の問題もあり，それほど単純な話ではないかと思われるが，日本も訪問者数から言えば，収益としては健闘しているとも考えられる．しかし，国際的には，現在の収益を倍増してはじめてトップ10に入れるかどうかの開きが生じている[1]．

では今後，この観光産業は世界的に見て成長して行くのか．この点に関して，UNWTOは将来の国際観光の動向として，2012年で10億人を突破した世界の観光客数は2020年までに15億6100万人[3]，さらに2030年には18億人に達し[2]，先の訪問者数のランキングでも，中国がフランスを抜いて1位になると予想している[3]．すなわち，あと15年後ぐらいには，約2倍に観光客数が膨らむということであり，空路の輸送量，観光に関わる食料等の物流，宿泊施設と水，電気といったインフラの消費量も同様に増大することを指している．当然，必要なサービス提供のための人的資源に対するニーズも増大するであろう．

よって拡大していく観光客数に対して，日本を目的地として選んでもらうために，マーケティングおよびそれに関連する分野の強化が当然必要であり，その強

化を支援するIT技術もまた重要性が増してくるであろう．またすでに気づいたと思うが，このように増大する観光ニーズに対して，限られたサービス提供資源から効率的にサービスを提供するためのオペレーションを取り扱う研究も重要性が増してくるであろう．

12.2 世界観光競争力ランキング

もう一つ興味の湧くランキングとして，世界観光競争力ランキング（表12.3）というものがある[4]．世界経済フォーラム（WEF: World Economic Forum）が2007年より発表しているランキングであり，ランキング開始時のレポートの冒頭には「このレポートは美人コンテストのようなものではなく，また，各国の魅力度を述べるものではない」とある．特に2013年版では，旅行／観光は就労機会を作る重要な産業であり，すでに12億人の直接的な雇用と12.5億人の間接的な雇用を作り出しており，さらに今後この数が増えていくことに触れている．すなわち，ランキングは，産業として見た場合の観光に対する国の取組みを中心とするランキングということである．ランキングを判定する指標は，表12.4のとおり三つの群と，それぞれに付随するサブカテゴリ全部で14分類，さらに全部で70以上の小項目に分かれている．

この2013年ランキングで，1位はスイス（スコア5.66），2位ドイツ（5.39），3位オーストリア（5.39）となっており，上述の外国人訪問者数で1位であったフランスは7位（5.31），米国6位（5.32），中国45位（4.45）となっている．日本は14位（スコア5.13）となっており，2008年の23位（スコア4.9）から躍進している．日本の評価が高い項目は，公衆衛生，衛生的な飲料水，病床数，平均寿命，顧客志向，鉄道インフラの質，モバイルブロードバンド加入率，企業顧客間および企業間取引でのIT活用などである．一方，評価の低い指標としては，二酸化炭素排出量，絶滅危惧種の数，チケット税と空港利用料，外国人雇用の容易性，観光の開放性，ビジネストリップの推薦度などである[4]．

このランキングの順位の善し悪しや，各指標での評価の高低にはさまざまな議論[5]があると思われるが，観光競争力を算出するための指標の幅広さが，いかに観光が多種多様な事柄との関わりを持っているかあらためて感じさせられる．

表12.3 世界観光競争力ランキング(2013年)

順位	国	スコア
1	スイス	5.66
2	ドイツ	5.39
3	オーストリア	5.39
4	スペイン	5.38
5	英国	5.38
6	米国	5.32
7	フランス	5.31
8	カナダ	5.28
9	スウェーデン	5.24
10	シンガポール	5.23
14	日本	5.13

表12.4 世界観光競争力ランキングの指標

群	サブカテゴリ
観光/旅行規制の枠組み	(1) 政策上の諸規則 (2) 環境上の規則 (3) 安全性と治安 (4) 健康と衛生 (5) 観光/旅行政策の優先性
ビジネス環境とインフラ	(1) 航空輸送インフラ (2) 陸上交通インフラ (3) 観光インフラ (4) 情報/通信技術上のインフラ (5) 価格競争力
人材/自然文化資源	(1) 人的資源 (2) 国民による観光上の意識 (3) 自然資源 (4) 文化資源

　観光の競争力は国力そのものでもあると言っても過言ではないだろう．その点から観光の競争力向上に障壁となっている問題点を見いだして行くこともまた，必要な研究分野となる．たとえば，訪日外国人が持ち込んだスマートフォンで国内基地局へWi-Fi接続することは，いわゆる技適マーク[*1]の問題で違法扱いとなることを指摘している研究がなされている[6]．

12.3 国際競争力のある観光産業育成に向けての情報システム

　観光に関する統計データには実にさまざまなものがあり，そのデータに基づく議論も尽きることがないように思われる．しかしながら，観光の動態を捉える主力がこうした観光統計データであり続けることに，疑問を感じえない一面も有るのではないだろうか．

---

*1　技適マークは，電波法令で定めている技術基準に適合している無線機であることを証明するマークで，個々の無線機に付けられる．

これまで見てきた通り，世界的に見ても観光は各国にとって主要な産業であり，今後その発展が見込まれる重要な分野である．さらに大袈裟な言い方をすれば，世界平和維持に向けた欠くことのできない活動である．このような観光を支えるものとして，観光情報の果たすべき役割には境界がないように思われる．他の産業がICTを使って当然のごとく行っている戦略的活動が，観光分野でも適用されるべきであろう．すなわち，観光客の世界的な動態把握のリアルタイム化，そのデータに基づく顧客の掘り起こし，ターゲット顧客へのプロモーション立案・観光資源の見直し・新規開拓，来訪した観光客への満足度を上げるためのサービス資源・人材の割当，そして観光地を離れるにあたっての満足度の計測である．他の産業と異なり，ステークホルダーが多種多様で広範囲に広がる観光において，このような観光情報サイクルを回すことは，ICTの力以外を持って成し得ないことであろう．この観光情報サイクルに関わる研究の端緒もいくつか見られるが[7]，まだまだ厚みが足りず，さらなる研究の進展拡大が望まれる．

また，観光は国別外国人訪問者数ランキングに表れるように，SARSといった国際的な疾病の流行や，災害，国際情勢により，観光客数が突発的に減ずる脆弱性を抱えている．このような脆弱性に対して，どのような対処をとって行くべきかといったことも，重要な課題となる．

12.4 観光はシステムとしての発明品

観光という行為は，さまざまなシステムとしての発明によって可能となっているものである．航空機に乗るという行為は，チケット販売から空港での搭乗に至るプロセスまでがシステム化されたものである．人気の高いテーマパークも，来園者を楽しませるためのシステムとして発明されたものであり，宿泊に使うホテルや旅館も発明されたシステムである[8]．

このように，観光はシステムとしての発明品であるという立場に立てば，新しい発明による新規観光システムの創出が期待される．持続可能な観光という目標を達成するためにも，相当する新しいシステムが発明される必要があるであろう．新しい観光システムを発明することは，観光情報の研究課題として大きな目標となるものである．

情報技術そのものは，観光分野と関係なしに今後も発展して行くことは間違いないであろう．その発展分を単に観光分野に適用したという研究で留まることなく，日本の観光国際競争力を向上させ，さらには世界的な観光分野の持続的な発展に貢献する研究が待望されており，多くの研究者が未来の観光システムの発明に向けて，貢献してくれることが望まれる．

12章 章末問題

問題1 国単位，または都道府県単位などの観光統計データを過去数年分収集し，そこから，注目する地域の今後の観光客数などがどのように推移していくか予想するとともに，その変化にどのように対処すべきか考察しなさい．

・・・

参考文献

[1] UNWTO Tourism Highlights 2011 Edition, UNWTO (2011).
[2] UNWTO Tourism Highlights 2012 Edition, UNWTO (2012).
[3] WORLD TOURISM ORGANIZATION Facts & Figures.
http://www.unwto.org/facts/menu.html (2015年3月31日現在)
[4] J. Blanke, T. Chiesa (ed.): *The Travel & Tourism Competitiveness Report* 2013, World Economic Forum (2013).
[5] 鈴木 勝：世界観光競争力ランキングと観光立国日本―日本のポジション25位の検証を通して―,『大阪観光大学紀要』, 第8号, pp.25-32 (2008).
[6] 細野昌和：北海道における無線LAN活用による外国人観光客対応情報提供の有効性―中国語圏からの観光客を対象とした基礎調査,『観光と情報』, Vol.6, No.1, pp.49-62 (2010).
[7] 原 辰徳, 嶋田 敏, 古賀 毅, 青山和浩, 矢部直人, 倉田陽平, 本保芳明, 浅野武富, 加藤 誠：訪日外国人に対する観光旅行サービスの企画支援に向けて―旅行者と旅行会社の立場からみた観光情報の分解と構成,『観光と情報』, Vol.7, No.1, pp.29-46 (2011).
[8] Anne-Mette Hjalager: A review of innovation research in tourism, *Tourism Management*, Volume 31, Issue 1, pp.1-12 (2010).

13章
観光情報学に関するトピックス

　観光情報学では，学術研究とともに実用研究も大きな役割を果たしており，実際にはこれらが不可分な形で研究が進められている．本章では，実際に起こった事例に基づく四つの研究をトピックスとして取り上げ，解説を行う．

　具体的にはまず，13.1節において東日本大震災からの復興とそこで観光情報学が果たす役割について述べる．次に，13.2節では中国人の日本文化に対する印象について，特に「食」に焦点をあてアンケートおよび聞き取り調査を行った結果について述べる．13.3節では平泉の文化遺産がユネスコの世界文化遺産に登録された際の実例をもとに，文化観光における情報の役割とその将来展望について述べる．最後に，13.4節では観光における風評被害に焦点をあて，その発生と拡大のメカニズム，および風評被害対策について述べる．

　2011年3月11日に発生した東日本大震災によって，日本は大きな被害を受けた．人的な被害も大きかったが，農業，漁業，工業などの産業も，壊滅的な打撃を受けた．観光もまた，多大な影響を受けた産業の一つである．被害には地震による直接のもの（建物の倒壊，津波など）と間接のもの（福島第一原発の事故による被害）の両方が存在する．震災から何年かが経過したが，その影響はまだ続いている．ここではこの震災からの復興，特に観光産業の復興に観光情報学がどう貢献できるかを考えてみたい．

13.1 東日本大震災からの復興と観光情報学

13.1.1 風評被害

　東日本大震災により観光が大きな影響を受けた理由は，いくつか存在する．まずは「風評被害」である．風評被害とは何かについての一般論は13.4節で詳しく説明されているので説明は省くが，東日本大震災における風評被害は福島第一原発の事故による放射能汚染による被害を原因に含んでいるので，取扱いがとても難しい．福島第一原発の事故によって一部に深刻な放射能汚染による被害が発生したのは事実である．確かにある時間のある場所の放射能（濃度）は高いし，ある時間のある場所でとれた農作物や魚介類の放射能も高い．今でも立ち入りが厳しく制限されている地域がある．これは単なる風評ではない．問題を難しくしているのは，被害の影響が実際にどこまで及んでいるかが不明瞭なことである．その背景には放射能汚染による被害が一般に長期間に渡ると考えられていること，放射能汚染による被害の経験に乏しく人体などに対する影響の大きさがよくわかっていないこと，などがある．

　将来人体に深刻な影響が出る可能性が高い（低くない）と考え，福島第一原発に近いところだけでなく，関東にもいるべきではないということで，西日本に移住した人もかなりいる．外国に移住した人も少なくない．外国人の間でも，放射能汚染の情報が外国の方がむしろ入手しやすいこともあって，福島第一原発に近いところだけでなく日本自体へ行くべきでないという意見も多い．大震災の後に韓国で行われたアンケートによれば，福島第一原発のある場所を北海道と思っている韓国人が少なからず（数十％）いたそうである．東京の北で外国に知名度が高い場所ということで，北海道と誤解されているのである（以前北海道南西沖地震で奥尻島が大きな被害を受けたときに，外国では奥尻島が北海道そのものと誤解した人がかなり存在した．外国の地理に対する知識など所詮その程度のものである）．そうであれば北海道に観光に行く意欲がなくなるのも理解できる．大震災の後に函館とソウルを結ぶ直行便の飛行機は乗客数の急激な減少によって運休になり，2015年現在も運休のままである（その理由は必ずしも大震災だけではないと思われるが）．

一方で，放射能の影響は限定的なものとみなす人もいる．一部の地域では大きな影響が出ているが，その範囲は限定的で，状況はいい方向に改善されているので，大部分の地域は問題がなくなりつつあるという見解である．実際に震災直後に放射線量が高くなったかなりの場所で他と比べても差がない程度に低くなっているし，そこでとれた農作物や魚介類の放射線量も問題ない程度に低い場合が多くなっている．大震災の被害にあった人々を支えるために，福島第一原発の近くでとれた農作物や魚介類を積極的に買う人もいる．外国人によっては，一部の地域を除けば日本に観光することに問題ないと考えている人もいる．実際，台湾からの函館への観光客は大震災の後に増え続けている（函館と台北を結ぶ定期便の飛行機が増えている）．

　放射能に関する科学的な知識が一般の人に普及していないということが混乱を大きくしている．原子力発電推進派の人による説明は影響を限定的に捉えがちで，反対派の人による説明は逆に影響を過大に捉えがちである．それを客観的に判断することは非常に難しい．放射能の影響に関する大規模で長期間の本格的な調査がそれまでになかったことは事実であり，影響の大きさはよくわからないというのが妥当なところであろう．

　当たり前のことであるが，東日本大震災の放射能汚染による風評被害の対策としてできること，すべきことというのは，客観的な情報を頻繁に発信し続けることである．発信者側は影響を低めに見込みたい立場なので，ともすれば情報を取捨選択して影響の低さを強調したくなるであろうが，それはやってはいけない．発信される情報が偏向しているとして信用されなくなってしまう．都合の悪い情報を含めて，可能な限り多い情報を（日本語だけでなく必ず英語も併記して）提供すべきである．外国の都市には日本よりも放射線量が高いところもあるので，情報を並べて載せておくなどは有効であろう（すでになされているが）．その情報をもとにどう判断するかは，相手に任せる．大丈夫と判断する人は観光に来てくれるであろうし，危険と判断する人は来てくれないであろう．それを受け入れるしかない．もちろんどのタイミングでどこに情報を出すかということは，効果をよく考える必要がある．

13.1.2 自粛ムード

　観光に影響を及ぼしたもう一つの理由は「自粛ムード」である．日本は基本的に

横並びを尊ぶ文化なので，突出することを（意識的にも無意識的にも）非常に嫌がる．自発的に自粛する気はなくても，自粛していないことで非難されるのが怖いので自粛するのである．東日本大震災の後も（福島第一原発の事故の問題はさておきとして）東北を「観光すべきでない」というムードが溢れていた．マスコミで悲惨な被害が繰り返し報道されて，苦しんでいる被害者をずっと見ているので，そういう気分にならないのである．もっと言えば日本中が喪に服していて，観光を含む楽しいことをしてはいけないという雰囲気であった．震災の直接の影響がない場所でも宴会が自粛された．テレビやラジオもお笑いの番組が自粛された．花見のシーズンであったが，花見などしている場合ではないという風潮が蔓延していた．明らかに行き過ぎた自粛であった．日本の経済にも大きな影響があったが，日本人の精神にも大きな影響があった．落ち込んだ雰囲気のときは，過度な自粛などせずに楽しいことをするのがいいのである．それらの自粛はその後解消されたが，観光については今も自粛ムードの傾向は続いていると言える．それは，大震災からの復興が遅れていて現地は今も厳しい状況だと報道されているためであろう．

　観光地にとって最大の支援は，実際に人々が観光に来てお金を落としてくれることである．わざわざ大騒ぎをする必要はないが，移動をして宿に泊まって飲み食いをしてくれるのがとてもありがたい．それを自粛して遠くから頑張れと言ってもらっても，経済的な助けにはならない．しかし他人から目立たない無難な行動を取りたがるというのは日本人の行動原理の深いところに関わっているので，日本で「自粛ムード」を完全になくすのはとても難しいと思われる．何かできるとすれば，風評被害と同様に，自粛ムードの影響を限定的にすることであろう．自粛ムードを限定的にするための方策の一つとして，被災地でコンベンションを積極的に実施することが考えられる．被災地に出張する理由を作るのである．そうすれば，人々はコンベンションに参加するついでに観光をしてお金を落とす．もちろん現地の側は当然のこととしてコンベンションを積極的に誘致しているのであるが，どこでコンベンションを開催するかを判断する主催者側が，被災地ということで消極的になってしまうことが問題である．何かあると責任を問われるのが嫌なので，問題があるかもしれない地域でのコンベンション開催を回避しておくという，無難な方針になりがちなのである．

　人工知能学会は2011年6月1～3日に盛岡で全国大会を開催し，600人以上の

参加者を集めた．大震災の直後ということで，盛岡でこの時期に開催するかどうかについては学会の関係者の間で議論になったが，安全性には特に大きな問題がないと思われること，こういうときこそ被災地に出向くのが最大の支援になると思われること，という判断で予定通りに実施した次第である．盛岡では大震災後に15の学会大会が開催中止あるいは延期となり，人工知能学会の全国大会が大震災後に開催された最初の学会となった．観光情報学会も2012年の全国大会を盛岡で開催した（著者はその学会の後に，仲間とレンタカーで東側の海岸線の被災地を見学するという貴重な体験を持つことができた）．このように主催者がコンベンション開催を決断すれば，被災地に大きな貢献をすることができる．これは責任ある立場の人がいかに決断できるかにかかっている．

13.1.3 新しい観光コンテンツの創出

被災地の真の復興を図るためには，他の地域にない特色を出した観光のコンテンツを作る必要がある．それは震災に関係したものでもいいであろうし，また関係しないものでもいいであろう．中長期的には関係しないものが増えていくのが自然な流れである．たとえばJR東日本が行なっている「Tohoku Emotion」の試みは興味深い．週末や休み期間などに青森県の八戸駅と岩手県の久慈駅を結ぶ八戸線に特別列車を走らせている．世界的なデザイナーのケン奥山のデザインによる3両の列車に乗って，おいしいものを食べながら三陸の海岸線の景色を楽しむというイベントである．大人の遠足という表現がぴったりで非常に人気が高く，ほとんど予約が取れない状況である（1回に乗車できる人数が限られていることもある）．このイベントは，大きな被害が出た海岸線を対象にしたものであり，参加者（特に日本人）にとっては大震災を思い出させるものではあるけれども，直接的には大震災とは関係がない．このイベントが大成功していることは示唆的である．

東日本大震災の復興には，本書で述べた観光情報学のさまざまな技術が貢献できると考えている．被災地を対象とした新しい観光コンテンツを創出して，それに観光情報学の技術を組み込んでいくという形である．われわれ観光情報学の研究者が，実験フィールドとして積極的に被災地を選んで研究を進める必要がある．特にこれからは，被災地に外国人観光客を呼び込むことを考えたい．前述のように外国人は放射能の影響に対する懸念が一般に強いが，彼らに来てもらえない

と観光産業の真の復興には結びつかない．被災地の観光地としての魅力を外国人観光客に伝えられるように頑張っていきたい．

13.2 温泉旅館ソフトの中国への輸出可能性

13.2.1 はじめに

尖閣諸島問題を契機に中国と日本の経済・文化・学術交流にブレーキがかかり，両国間にさまざまな問題が派生している[1]．しかし，政府間交流がトーンダウンしても，民間交流が活発であれば問題が生じても平和的に解決する糸口を見つけることができる．両国民間で知恵を出し合うことができれば解決策を導出することが可能である．このとき，両国間の継続的な文化交流が要となる．民間交流の原点は「文化」を相互に理解することであり，相互文化理解があれば，経済交流，教育交流など両国にとって大きな懸け橋構築に発展できる．

人間が生活を営む上で最も重要な要素は，「衣食住」であるが，その中で必須なものは「食」である．中国と日本は食事に箸を用いるなど似ている点も多いが，相違点も多くある．食卓の形状すら異なる．中国は円形であるが日本は四角いテーブルが基本である．しかし，長い歴史の変遷とともに食文化は異なる道を辿ってきているものの，両国のルーツは同じと言える．

本節は，食を中心として中国人が日本文化をどのように感じるのか，体験を介して調査した結果について報告するものである．文化理解を食体験により行うのは，「食べる」ことは基本事項であり，体験しやすいことが主な理由である．ここでは，2015年まで35年連続して「プロが選ぶ日本のホテル・旅館100選」（旅行新聞社主催）で総合1位を取得している「加賀屋」での中国人留学生の体験結果について報告する[2]．加賀屋に宿泊することにより，日本の「衣食住」を一通り体験できる．また，加賀屋の宿泊客に対するホスピタリティのグレードは高く，日本の温泉旅館を代表していると言える．被験者として金沢市内の2大学に在籍する中国人留学生16名を選出し，アンケート調査と聞取り調査を実施した．この調査は，日本旅館の海外展開の可能性を探ることも目的としている．経済産業省は2010年6月にクール・ジャパン室を創設し，日本の文化・産業を世界に向け発信すること

を促進しており[3][4], 特に, 日本のソフト力を中国や韓国へ発信させる必要性が叫ばれている[4]. 今回の体験結果から中国との文化交流策の一端を導出することができればと考えている.

13.2.2 アンケート調査

中国人の日本文化に対する感じ方は, 世代により異なる. 特に, 「衣食住」という日常生活の基本項目は長い歴史を介して独自に継承され変遷してきたものであり, 相互理解が難しい面も生じている. また, これまでに多くの紛争を経験したことにより, 「近くて遠い国」となっている[1]. しかしながら, インターネットの普及によりグローバル化が浸透し, 若者を中心に文化を相互に理解する傾向もあり, 基本項目である「衣食住」を無理なく受け入れる若者も多くなっている.

中国でも温泉の活用が進行しつつある[5,6]. 当該調査は, 日本の温泉旅館が中国人にどのように感じられるのか, 旅館のおもてなしの評価について, 食を中心に行うものである. 旅館での宿泊体験は, 普段の生活とは幾分異なるが「衣食住」の要素が含まれており, 将来を担う若者の特徴を抽出する点で調査の意義がある. また, 日本の「食」に対する評価と「おもてなし」に関する評価に注目し, アンケート調査を行った. 日本のおもてなしは外国においても注目されつつあるが「omotenashi」と和製英語になるまでには至っていない.

体験会は2012年11月16日（金）〜17日（土）に行った. 日本の旅館システムを中国に展開できるかなど観光振興への応用検討を含め, 多くのミッションを目的として実施した. このため, 調査項目として, 属性の他に, 料理（夕食, 朝食）, 施設評価などについて調べた. 加賀屋においては, 夕食後にアトラクションとして歌劇ショーも行われており, その評価も求めた[7].

13.2.3 調査結果

体験参加者の合計は16名（男性2名, 女性14名）で, 年齢は20代である. 被験者数が少なく, 世代が若い女性に偏っているので, 全世代に対する評価としての信頼性は幾分低下するが, 未来を担う若者の評価という意味で意義がある. 男性（12％）と女性（88％）の割合が大きく異なるが, 中国では, 家族で食事や温泉宿泊するときの決定権は主に女性にあるということと, 「衣食住」では女性の意見の信憑性が高いことを考慮し, 女性の割合を多くした.

(1) 年齢分布と宿泊経験

体験者の年齢は21〜25歳で，平均年齢は23.06歳である．23歳が38％と最も多い．なお，男性2名は23歳と24歳である．滞在年数としては，4年滞在が34％と最も多い．日本旅館での宿泊経験者は31％と滞在年数の割には少なく，中でも複数回宿泊したと回答したものは25％にとどまっている．69％が宿泊経験なしであり，日本の温泉旅館に対する率直な意見が伺えることが期待できる．

(2) 宿泊施設

体験宿泊施設である(株)加賀屋(収容人員約1300名)は，姉妹旅館やレストランも経営し，台湾・台北市北投温泉にも合弁旅館「日勝生加賀屋」を開業している，日本を代表する温泉旅館である．今回は，ベッドルームと畳の間があるタイプの部屋に基本4人ずつ宿泊した．

宿泊の感想は，全ての被験者が3段階(良くない，普通，良い)で「良い」と答えた．部屋などの施設の評価も，全被験者が「良い」と答えており，中国人にとっても施設の総合評価は高いと言える．お風呂の評価は「普通」が38％で「良い」が62％であった．浴室の評価が幾分下がった理由として，「寝湯や壺湯がない」，「風呂が暗い」，「サウナが小さい」などの意見があったものの，このような施設が中国で受け入れられるかとの問いに対し，81％が受け入れられると答えており，日本旅館が若者に受け入れられると判断できる．1名(6％)が受け入れられないと答え，残りは不明(13％)である．そのコメントとは，肯定的なものは「中国にないので期待大，くつろげる」，否定的なものは「費用が高い」となっている．費用の問題を除けば受け入れ可能と言える．

宿泊費(1泊2食付27000円＋ショー見物2700円)が「高い」と答えたのは69％にも上る．しかし，「普通」と答えたものも31％おり，ターゲットによってはリーズナブルな価格と考えられる．中国で同じ施設があった場合，何元なら許容できるかとの問いに対する回答結果として，図13.1が得られた．1000〜2000元(14000〜28000円，1元＝14円)が最も多い．価格の幅があるものの，施設評価が高いと許容価格も高くなる．価格はターゲットを選ぶときの参考になり，1500元前後の価格設定が可能と考えられる．

従業員に対する評価も「親切で優しい」とのことで94％が「良い」(「普通」

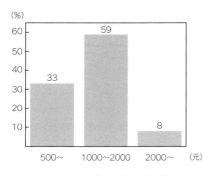
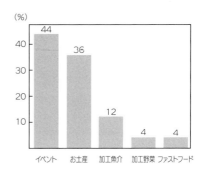

図13.1 受け入れ可能価格　　図13.2 中国に加賀屋が進出した時に必要なもの

が6％）と評価している．館内のお土産については「良い」が60％，「普通」が40％であった．コメントとして，「お土産の味などがわからないので，試食は全て可能にしてほしい」などが挙げられた．また，中国に加賀屋のような旅館が進出したときに必要なものとして，イベントや伝統的土産などが挙げられ，合計で80％を占めている．これを図13.2に示す．このことから，イベントとお土産に対する配慮が必須であることがわかった．その他のコメントとして，図書館や映画館などの要望もあった．

(3) 食

夕食と朝食においては和食の体験を実施した．夕食時の風景を図13.3に示す．夕食は会席料理であり，表13.1に示すものを供し，これらの各料理に対するアンケートも行った．このとき，5段階（5：とても満足，4：やや満足：，3：普通，2：やや不満，1：不満）で評価を行い，各段階とその割合を掛けあわせ，総和値（スコア）を求めた．すなわち，各料理に対し全員が5段階を選べば5点（5×100％）となる．その結果を表13.1に示す．この結果より，珍味（干口子となまこ酢）や煮物（ぶり大根），変わり鉢（中島菜うどん）が3点台と低いスコアである．いずれも日本人の好物であるが中国人には馴染みのないものである．最も高いスコアは，酢肴（ズワイ蟹酢）と蒸し物（白子茶碗蒸し）である．蟹は体験時期において旬であり，マスコミを通じPRが行き届いており，高評価が得られたと考えられる．そのため，台物（蟹海鮮鍋）も4.58と高い評価を得ている．中国人にも蟹はポピュラーであり，食べ慣れているものと思

われる．デザートは焼きリンゴと生姜のムースであり，高い評価である．聞き取りによると，中国では一般的に生姜は好まれるとのことである．

図13.4から，夕食の評価は非常に高いと言える．「普通」と答えたのは二人であり，残りは「良い」と答えている．この結果から，日本料理は中国に受け入れられる可能性が高い．しかしながら「女性には量が多い」，「辛いものも欲しい」，「生ものは少な目に」というコメントも寄せられた．

朝食も夕食と同じ日本間でとり，評価を行った．夕食で日本料理に慣れたので，朝食はリラックスした雰囲気であった．朝食の評価としては，「良い」が86％，「普通」が14％で，高い評価である．「肉料理も欲しい」，「味がうすい」，「野菜がもっと欲しい」などの意見も寄せられたが，総じて受け入れられていると評価できる．

今回の宿泊体験を通して，日本食の「味」は中国人に受け入れられると思うかという設問に対し，可能と答えた割合は94％にも上る．残りは「不明」(1名)であり，日本食そのものには，高い評価を得る潜在能力があると言える．2012年3月に，農林水産省が，ユネスコ無形文化遺産への日本食の登録申請を行い，2013年12月4日に，和食文化は自然を尊重する日本人の心を表現したものとして，登録が決定された．この時点で，能楽や歌舞伎に続いて22件目の登録となった．食関連のものとしては，「フランスの美食術」，「トルコの伝統料理」などに続いて，世界で5件目である．登録をきっかけに，日本食が

図13.3　夕食体験

表13.1 各料理のスコア

供される順番	料理名	スコア
1	珍味	3.87
2	前菜	4.07
3	酢肴	4.63
4	お造り	4.32
5	煮物	3.94
6	焼き物	4.5
7	台物	4.58
8	変り鉢	3.46
9	蒸し物	4.67
10	ご飯・留椀	4.44
11	デザート	4.64

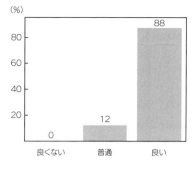

図13.4 夕食の評価

世界に受け入れられ，食文化を介して日本に親近感をもってもらい，中国をはじめ多くの国との相互理解促進にまで繋がればと考える．

(4) アトラクション

　夕食後，館内で雪月花歌劇団ショーを1時間観覧した．費用は2700円／人である．このようなショーは中国では少なく，評価は非常に高かった．中国人は，アトラクションやショーを好み，楽しい時間を過ごせることを強く期待する．また，食事をとりながらショーを楽しむ，お風呂に入りながら麻雀をするなど，複数の要因を織り交ぜることにより，楽しさに相乗効果をもたらす傾向がある．今回のアトラクションは，食後で就寝前であったが，好感がもたれた．図13.5にアトラクション時の写真を示す．アトラクションは洋装でのダンスや歌であり，中国の伝統的な演劇である「京劇」や「変面」ではあまり見られない衣装で，ほとんどの参加者が初めての観覧とのことであった．このようなアトラクションは珍しく，クール・ジャパンの一環となり得る．

図13.5 アトラクション

13.2.4 まとめ

　本調査では，結果として，施設，食事，エンターテイメント，おもてなしなど全てにおいて良い評価が得られた．味，風呂などに不満な点も指摘されたが，概ね高評価であり，指摘された点も許容範囲内のものと言える．前項までに紹介したもののほかには，たとえば多くの参加者は日本間の布団で就寝するよりベッドの方が馴染みやすいとのことであった．ただ，日本間での就寝も，体験としては良いとの意見もあった．

　これらの結果より，日本旅館をソフトとして中国で展開することは可能であると言える．このとき，ターゲット層を幅広くするよりも，日本の良さに「こだわり」をもって展開し，日本文化の良さをねじ曲げない戦略が必要と考える．特に，今後の和食ブームを考慮し，他国の食文化と棲み分けを図り，共存する方策をとることが求められる．調査においては，食事の味が合わないなどの意見も出たが，味を変えてしまうと日本食ではなくなる．あくまでも日本の味にこだわりを持って提供し，クール・ジャパンを推進することにより，文化の相互理解に資する必要がある．

　本調査は，日本に滞在する中国人留学生に対して実施したものである．しかし，日本の温泉旅館のシステムを中国に導入する場合，ほとんどの来館者が日本を訪れたことのない人である．今後は，非訪問者を対象とした調査も必要と考える．また，日本のさまざまなソフトやハードを，世界各国に浸透させるプロモーションが必要である．

13.3 文化観光における情報の役割とその将来展望—平泉の取組みから

13.3.1 平泉の世界遺産

　岩手県平泉町とその周辺には，国宝建造物第1号で知られる中尊寺金色堂など，仏教の中でも特に浄土思想の考え方に基づいて，平安末期に奥州藤原氏が造った多様な寺院・庭園が，一群として多く残っている．それらは，この世に理想世界を創り出そうと，海外からの影響を受けつつ日本で独自の発展を遂げたものであった．平泉の理想世界の表現は，他に例のないものとされている．

　2011年6月，これら平泉の文化遺産が，悲願のユネスコ世界文化遺産に「平泉—仏国土（浄土）を表す建築・庭園及び考古学的遺跡群—」として登録された．2008年の登録延期勧告からの再挑戦であり，当初の9資産から5資産（中尊寺（図13.6(a)），毛越寺（図13.6(b)），観自在王院跡，無量光院跡，金鶏山）に絞るなど，登録までの道のりは平坦ではなかったが，それゆえに地元の感激もひとしおであった．さらに，2011年3月11日に発生した東日本大震災で甚大な被害を受けた岩手県はもとより東北地方において，まさに希望の光となった．

　世界遺産として登録されるためには，資産に「顕著な普遍的価値」があることが必要とされる．その証明のためには，①世界遺産委員会が示す六つの評価基準 i ）傑作，ii）交流，iii）物証，iv）類型・見本，v）土地利用，vi）関連，のうち最低

(a) 中尊寺金色堂（覆堂）　　　　　　(b) 毛越寺の庭園

図13.6　平泉の世界遺産

一つに該当すること，②真実性・完全性を満たすこと，③有効な保存管理体制が整備されていること，を示す必要があるという．平泉においては評価基準のうち，ii）とvi）について評価された．

13.3.2 世界遺産登録と観光振興

1999年に改定されたイコモス（ユネスコ世界遺産委員会の諮問機関）の国際文化観光憲章[8]は，遺産保護と観光振興を対立しがちな関係として捉えるのではなく，遺産理解の機会提供，地域への利益の還元，住民参加による観光プログラムの推進等によって，遺産保護と文化観光のあるべき持続可能な関係性について明確に打ち出した．これ以降，世界遺産を活用した文化観光について各地で熱を帯びていくが，本質的に両者は相反する側面を有する点に留意しなければならない．

他方，観光地では高齢者や障害者，外国人を含むさまざまな人に配慮したユニバーサルデザイン（Universal Design，以下，UD）あるいはツーリズムフォーオールの考え方が重視されつつある．その背景には，旅行は全ての人の権利として国際的にも国内的にも認められるようになってきたこと，高齢化社会，観光客の多様化や少人数観光，外国人観光客誘致などがある．

これら世界遺産と観光振興を巡る文脈のもと，平泉地域では，2008年の世界遺産登録後の観光まちづくりを見据えて，2005〜2007年にUD観光地推進会議を設置し，UD推進プログラムを策定した．世界遺産登録後に2〜3割程度の増加が見込まれる観光客への案内・誘導が主要課題の一つとして挙がったが，現地の看板設置，施設整備，ガイドスタッフによる対処のみでは，景観保持や費用面の問題などからUD対応が難しいことがわかった．また，紙のリーフレット配布を中心とした対応では，ゴミ問題も懸念される．そこで，観光客自身の携帯電話や各種情報端末を利用した情報提供面でのUD支援に期待が寄せられ，平泉町と岩手県立大学による観光情報システムの共同研究がスタートした[9]．

UDはユーザ参加のもと改善を繰り返しながら，より良いものに，そしてより広範囲に普及させていくスパイラルアップの視点が重視される．道路や施設といったインフラ整備のみならず，観光情報システム導入においても，地域住民・地域外の観光モニタ・観光事業者・行政らが一緒に観光施設や移動ルートを巡って歩く観光ワークショップを定期的に開催し，関係者の合意形成とより良い仕組みの探索を繰り返した（図13.7）．これらワークショップの運営を担った岩手県立大学と

図13.7 観光ワークショップの様子

地域の観光関係者が母体となって，観光情報学会の研究会組織として「いわて観光情報学研究会」を設立し，観光と情報に関する継続的な議論の場作りも進んだ．

13.3.3 情報通信技術の利活用状況

総務省や国土交通省が全国各地で行った情報通信技術（ICT）による着地型観光振興の調査研究や実証実験の知見から，図13.8のようなモデルを導くことができる．観光情報は，観光行動に沿って必要となる情報を事前・現地・事後フェーズに分けて把握することが多いが，各フェーズをさらに消費者行動モデルAISCEASに沿って，注目（Attention），関心（Interest），検索（Search），比較（Comparison），検討（Examination），行動（Action），共有（Share）といった七つの行動に着目した考察も興味深い[10]．

2011年世界遺産登録から2年，平泉での観光情報システム導入は，図13.8のモデルを念頭に置きつつ段階的に進められている．事前・現地情報の発信は格段に充実し，事後情報ついても，観光事業者によるソーシャルメディア利用が進みつつある．多言語対応については，日英中韓の4ヶ国語が一般的になった．以下，特徴ある取組みについていくつか紹介する．

事前情報の発信は，平泉観光協会の公式ホームページと，平泉町が地元テレビ局に運営委託するポータルサイト「平泉FAN」を中心に行われている．観光協会ホームページは，ポータルサイトとしての標準的な情報提供のほか，旅行前の周遊計画に役立つ立案支援機能も用意している．「平泉FAN」は，地元テレビ局の情報編集力と発進力を生かし，季節ごとのイベントをWeb-TVやYouTubeで動画配信するほか，テレビ番組とのコラボレーション，ソーシャルメディア連携など，誘

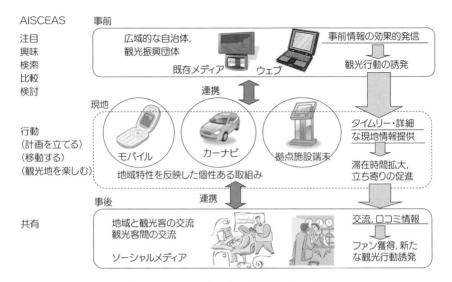

図13.8 ICTによる着地型観光振興モデル

発の仕掛けが効果的になされている.

　現地情報については,平泉町と岩手県立大学が共同運用するUDガイドシステムが,世界遺産登録エリア全域計26ヶ所で情報配信を行っている.UD概念に基づき観光ニーズの個人差(観光のペースや情報取得の方法,必要な情報の違い)に配慮するため,携帯電話,スマートフォン1台で多様なユーザに対応するところに特色がある(図13.9).観光スポットでの情報配信は,Push型とPull型を併用している.コンテキストはユーザの身体的特性と位置を扱うが,身体的特性は画面からの選択式とし,位置情報はGPS,QRコードに対応している.機能としては解説,経路案内,クイズ,イベント配信などがあり,これらをUD支援機能が制御することで,視覚障がい者には音声のみで案内するなど,ユーザ特性に配慮した情報が提供される.音声案内は音声合成を採用しており,スマートフォン版では,ユーザ自身で話者変更や音声の速度変更も可能となっている.本システムは,奥州藤原氏の時代の文化や建造物を再現した歴史公園「えさし藤原の郷」(奥州市)でも同様に利用でき,地域間の周遊促進に一役買っている.

　また,最も観光客が訪れる中尊寺境内では,高齢者や外国人の利用をより考慮した音声ペン型ガイドシステムが導入(有料)されている.平泉駅にはデジタルサ

図13.9 UDガイドシステム

図13.10 海外観光客向け無料Wi-Fi

イネージが設置され，駅から世界遺産登録エリアに向かう観光客に，周辺の案内情報や主要観光スポットのライブ映像を配信している．外国人観光客からの要望が多かった無線Wi-Fiサービスについては，2013年2月より平泉町とNTT東日本による運用が，主要観光スポットで始まった（図13.10）．希望する外国人観光客には，観光案内所等で利用ID／Passカードが配布され，平泉町以外での利用も含め2週間無料で利用できる．店舗ごとにクーポンの配信や，店舗合同で電子スタンプラリーを導入することも可能である．災害時には，情報ステーションとして一般開放する利用も想定している．

13.3.4 新たな観光価値創造に向けて

東日本大震災後,東北の観光は苦戦が続いているものの,岩手県の観光は世界遺産登録によって救われた.2012年の観光宿泊客数は,大震災前の2010年に近い水準までほぼ回復し,今後は平泉を起点とした県内周遊型観光の促進によって,復興途上にある沿岸部への波及効果にも期待がかかる.平泉町の観光振興計画(2013年3月策定)では,2018年時点で観光客入込数30%増,外国人観光客入込数50%増(いずれも2010年比)を掲げている.これら目標値は世界遺産効果の持続を前提としているが,個人旅行へのシフト,モノの消費から時間の消費へといった観光マーケットの変容に対して,適切に手を打っていかなければ,その達成は容易ではない.

ソーシャルメディアやモバイル端末のさらなる普及によって,ICTによる観光振興はより現実的なアプローチになるであろう.今後を見据えて,平泉観光の新たな価値創造と情報の役割について展望する.

(1) 人文系研究者との連携による遺産価値の見える化

平泉の文化遺産はその多くが消失しており,現存する遺跡を見ただけではその価値が実感できない.そのため,文化財の保存と利活用をICTの面から支援するe-Heritageの成果は,文化財研究のみならず観光振興においても期待が大きい.最もニーズが高いのが,拡張・複合現実感(AR/MR)技術による遺跡の復元・可視化である.また,ポータルサイトやガイドシステムとe-Heritageの連携によって,観光客が文化遺産の価値を読み解くための知識として人文系研究者や学芸員の知見を容易に活用できるようになれば,観光の満足度も高まるであろう.たとえば,研究者の間では常識である「東南アジアやインドの寺院の池はみな四角であるが,毛越寺のように自然形状の池で浄土を表すことは日本人が作り出し,その最も進化した形が平泉にある」ということを多くの人は知らない.現地のみならず事前の誘発情報としてもっと発信すべきである.

(2) 歩いて周遊可能な観光地整備

町の観光振興計画では,通過型の観光地から脱却し,周辺温泉地とも連携した滞在型の観光地を目指すことが描かれている.現地での滞在・周遊を促

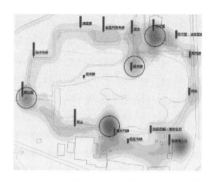

図13.11 GISによる周遊行動分析の例

進するためには，まず，歩いて楽しめる観光地整備が不可欠であり，平泉町都市計画マスタープランにおいても同様の視点が盛り込まれている．マスタープランの実施に向けて観光客の周遊実態をより適切に把握することが望まれており，スマートフォン等を使ったガイドシステムの位置情報をGIS（Geographic Information System）で分析することで，観光客の滞留傾向や周遊ルートなど大まかな周遊行動の推定に繋げるアプローチは，まちづくり活動との連携の観点からも効果的である（図13.11）．また，レンタルサイクルの利便性や魅力を高める方策として，インフラ整備に加えて，モバイル端末を活用した予約返却システムの導入や，サイクリング情報の提供といったソフト面の充実も欠かせない．

(3) 住民目線による現地滞在と周遊促進のための情報支援

今後はリピーター確保が課題となる．そのためには，着地主導で現地情報（食事，観光施設，イベント）を各メディアの特性を考えながら組み立て，きめ細かく発信することで，現地での時間消費を支援する工夫が求められる．たとえば，住民目線による地元観光資源の継続的な発掘とソーシャルメディアによる観光客への発信・交流は，リピーターの観光行動誘発に繋げやすい．また，浄土思想とユニバーサルデザインの相性の良さに着目し，障がい者や高齢者に優しい観光地としてアピールするのも良いであろう．車椅子で行ける場所と行けない場所，介助サービスの有無といった，現地のUD情報を事前に発信しておくことで，観光客と現地のマッチングが容易になる．

上記の実現に向け，いわて観光情報学研究会では，議論や取組みが続けられている．その活動の中で，世界遺産登録活動を長年牽引してきた平泉文化遺産センター大矢邦宣館長より「藤原清衡公が目指した，土地を浄めようという浄土の国づくりは，現代風に言うならば，まちづくり運動に他ならない」という極めて重要な指摘があった．世界遺産登録後の平泉であっても，これまで同様に継続的なまちづくり活動と観光振興に一体的に取り組むことになんら変わりはないのであろう．

13.4 風評被害と観光

13.4.1 風評被害とは

ここ十数年の間に，さまざまな事件や災害が発生した．世界的なものとしては，2001年9月に世界を震撼させたアメリカ同時多発テロが，2年後の2003年には，重症急性呼吸器症候群（SARS）が流行し，多くの死者が発生した．一方，国内に目を向けると，大規模な地震災害が頻発している．2004年10月には，新潟県中越地震が，3年後の2007年3月には，能登半島地震，続く7月には，新潟県中越沖地震と立て続けに大規模な地震災害が発生した．さらに，翌年の6月には，岩手・宮城内陸地震，そして，記憶に新しい2011年3月，観測史上最大のマグニチュード9を記録した東北地方太平洋沖地震が発生し，未曾有の被害を我が国にもたらした．

これらの事件や災害の発生を通して，それまでは認知度が低かった一つの言葉が一般に知られることとなった．それは「風評被害」という言葉である．風評被害は，元来，原子力事故によって，実際には安全な食品，商品等が被る経済的被害の補償問題に関連して用いられてきた言葉である．風評被害という言葉が初めて国会で用いられたのは，1956年の国会答弁においてである．1954年に第五福龍丸がマーシャル諸島ビキニ環礁において，米軍による水爆実験により被爆した．この報道に伴い，マグロなどの魚介類の安全性が疑問視され，価格が大幅に下落，漁業者等が大きな経済的被害を受けた．この経済的被害について風評という言葉が用いられた．最近では，2011年の東日本大震災によって福島第一原子力発電所の事故が発生し，福島県で生産された食品や製品に対する安全性が疑問視され，大規

模な風評被害が発生した．このことに対して，2013年の安倍内閣総理大臣施政方針演説において，風評被害という言葉が用いられている．しかし現在，風評被害という言葉は，原子力事故に起因するものに対してだけではなく幅広く用いられており，ある事件・事故・環境汚染・自然災害などが発生することによって，本来は安全であるにも関わらず，人々が食品，商品，土地を誤って危険視し，消費行動を控えることによって引き起こされる経済的被害を表す言葉として，広く利用されている．また，最近では，インターネットの掲示板などにおける企業に対する謂われない誹謗中傷により，企業や商品のイメージや信頼が傷つけられることに対しても，風評被害という言葉が用いられている．

13.4.2 風評被害の事例

これまで，日本では，数多くの風評被害が発生している．代表的なものを表13.2に示す．ここに示すように，原子力事故だけではなく，自然災害や病原体などが原因となり，さまざまな業種で風評被害が発生している．

表13.2 風評被害の主な事例

事例	発生源	被害対象	主な被害業者
東海村JCO臨界事故	核物質，放射線	干し芋，あんこう	農業，漁業，観光産業
所沢ごみ焼却処理施設	ダイオキシン	ほうれん草，埼玉県産野菜	農業
ナホトカ号重油流出事故	石油	蟹，魚	漁業，観光産業
O157	O157	カイワレ大根	食品加工業
BSE問題	異常プリオン	牛肉，牛肉加工食品	畜産業，外食産業
鳥インフルエンザ	鳥インフルエンザ	鶏肉，卵	養鶏業者
中国冷凍餃子中毒事件	メタミドホス	冷凍食品全般，餃子	食品加工業，外食産業
有珠山噴火	火山活動	北海道	観光産業
新潟県中越地震	地震	新潟県	観光産業
岩手・宮城内陸地震	地震	岩手県，宮城県	観光産業

13.4.3 観光における風評被害

風評被害は多種多様な分野において発生するが，風評被害によって最も被害を

受けやすく，被害規模が大きくなる分野がある．それは，観光産業である．観光産業は多種多様な業種から成り立っている産業であり，また，観光は娯楽であり生活に必須なものではないとの認識から，少しでも不安材料がある場合，すなわち，一見無関係と思える事故などからでも影響を受ける．現に，1997年に発生したナホトカ号重油流出事故において，無関係に思える観光産業が風評被害を受けている．さらに，観光産業は，事件や事故だけではなく自然災害によっても風評被害を受け，その場合には被害地域が広範囲になるといったことも特徴の一つである．たとえば，1993年の北海道南西沖地震，2000年の有珠山噴火，2003年の十勝沖地震では，被害地域から遠く離れ，全く被害のなかった道内の観光地において，風評被害が発生したという事例が報告されている．

13.4.4 風評被害の発生と拡大

　風評被害の主要な発生要因の一つは，テレビや新聞といったメディアから発信される情報である．ここでは地震災害により発生する観光産業における風評被害を例にとって，その発生メカニズムを考えてみる．地震災害が発生すると，メディアにより被災地の凄惨で深刻な状況が，最も被害が甚大であった部分がクローズアップされる形で報道される．また，集中的な報道が行われ，テレビであれば繰り返し長時間に渡って，新聞であれば紙面の多くを割いて情報が伝えられる．加えて，その際の報道内容は，死者や家屋倒壊といった，情報の受け手に恐怖や忌避といった負の感情を与えるセンセーショナルなものがほとんどであり，周辺地域が安全かどうかといった情報は伝えられない．これにより，情報の受け手は，その周辺地域も被災地と同じ状況になっているものと推測し，「危険地域には行きたくない」という自己防衛の心理が誘発され，風評被害が発生する．また，自然災害の場合，当該地域の土地勘や距離感の欠如により，被災地から遠く離れた地域においても被害が発生していると誤認し，広範囲で風評被害が発生する．たとえば，新潟県中越沖地震では，被害地域である中越地方から遠く離れ，また，被害が全くなかった上越地方や下越地方の観光地において同じ新潟県であるという認識により，風評被害が発生している．

　さらに，発生した風評被害は，発生とは異なるメカニズムにより拡大していく．地震災害に関する情報は，被災地域の被害状況等が大半を占め，周辺地域が安全か否かといった情報は広く伝えられない．このため，旅行代理店は旅行者の安全

を図るため，その地域への送客を止めてしまうケースが多い．また，公共交通機関では，その地域への旅行を自粛するような掲示板や案内を流す場合もある．このような状況がメディアにより報道され，さらなる観光行動の抑制を生む．これにより，近隣地域の観光地域において宿泊などのキャンセルが多発し，その経済被害状況が報道されることにより，負のフィードバックが発生し，風評被害が拡大していくこととなる．

また，風評被害の拡大要因として日本人の気質に関係するものもある．それは「気兼ね」や「自粛」という要因である．被災地の周辺観光地がたとえ安全であることが周知されたとしても，被災地の近くに遊びに行くのは気が引けるといった気兼ねの心理が，遊びや余暇で周辺地域へ訪問することを敬遠させる．また，被災地周辺に住む住民や企業において，忘新年会や各種宴会，通常の飲食・遊興・余暇の中止や延期などが自粛という形で現れる．このような要因によっても風評被害が拡大する．

13.4.5 風評被害対策方法

風評被害の発生要因は，メディアによる報道によるところが大きい．このため，メディアによる報道内容や量をコントロールすることが風評被害の対策方法となる．しかしながら，メディアは事件・事故・災害を世の中に報道をするという使命があるため，事実上，これは不可能である．また，どんなに正確な報道がなされたとしても，発生要因が個人の誤認や拡大解釈にも関係するため，風評被害の発生自体を防ぐことは非常に難しい．したがって，風評被害の発生を防ぐための対策方法ではなく，発生した風評被害を早期に払拭するための対策方法が重要となる．

風評被害を早期に払拭するための対策方法としては，風評被害の発生要因でもあるメディアを利用した情報発信が一つの効果的な方法であると考えられる．メディアを通して，消費者に対して観光業界が情報を提供し，誘客PR等を行うことが有効であると考えられるが，対策活動を行う際に考慮しなければならないことがある．それは，メディアの動向である．メディアで災害関連情報を大々的かつ被害状況中心に報道している間は，被災地および近隣観光地への訪問を控えることは自明である．このような時期に対策活動を行ったとしても，その効果を期待することはできない．それだけではなく，その対策活動自体に対して疑問や不信感

を抱かれ，逆効果になることも考えられる．現に，対策の実施時期が尚早であったため，効果が得られなかったばかりか，消費者に不信感を抱かれたケースが見られる．しかし，時間の経過とともに，災害関連情報が減少し，内容も被害状況ではなく，復興状況などに変わり，収束状態になる．このような時期に対策活動を行えば，災害関連情報に阻害されることなく，対策の効果を十分に期待することができる．

13.4.6 まとめ

インターネットの普及によって，新聞やテレビのみが主要なメディアであった時代よりも風評被害も発生しやすくなっている．風評被害は自然災害と同様に突然発生するものであり，日頃から風評被害が発生した際の対策について地域で検討しておく必要がある．

13章
章末問題

問題1 世界遺産の種類を示し,日本にはいくつあるか示しなさい.

問題2 クール・ジャパンについて調べなさい.

問題3 世界農業遺産について述べなさい.

・・

参考文献

[1] 北陸中日新聞,平成25年1月5日朝刊2面
[2] 北陸中日新聞,平成24年12月26日朝刊1面
[3] 加藤弘治(編著):『観光ビジネス未来白書』,同友館(2012).
[4] 観光庁編:『平成26年度観光白書』(2014).
[5] 大薮多可志,大内 東(編):『北東アジア観光の潮流』,海文堂(2008).
[6] 大薮多可志(編):『観光と地域再生』,海文堂(2010).
[7] 大薮多可志,中島 惠(編著):『観光と地域活性化』,三恵社(2011).
[8] イコモス:国際文化観光憲章.
http://www.international.icomos.org/charters/tourism_e.pdf(2015年3月31日現在)
[9] 阿部昭博:平泉観光の新たな価値創造と情報の利活用―大学地域連携の視点から―,『情報処理』,Vol.53, No.11, pp.1178-1183(2012).
[10] 国土交通省:観光地が取り組む効果的な観光情報提供のための資料集.
http://www.mlit.go.jp/sogoseisaku/region/kankojoho/(2015年3月31日現在)

章末問題の解答・ヒントなど

1章
問題1・問題2　解答例

特に正解はない．何のために人は観光をするのかを考えるきっかけにしてもらえればと思う．

2章
問題1　解答例

Push要因としては，「旅先で美味しいものが食べたい」，「仕事を忘れてリラックスしたい」などの旅行に駆り立てる心理的要因が挙げられる．一方，Pull要因としては，「景観の素晴らしい富士山に行ってみたい」，「サッカー日本代表の試合を生で観戦したい」，「あのアニメの舞台となった聖地に行ってみたい」などが，旅行者を惹きつける魅力として挙げられる．一般には，Push要因によって「旅行に行く」ことが決定し，その後，Pull要因によって「どこに行くか」が決定されると考えることができる．

問題2　ヒント

たとえば，以下のようなものがある．それぞれの特徴と役割については各自調べなさい．

- 実際に現地に行かなくても博物館の展示や説明が体験できる，バーチャル博物館サイト
- タクシー料金を計算し，おおまかなルートを表示してくれるウェブサイト
- テーマパークなどのアトラクション待ち時間を表示できるスマートフォンアプリケーション

3章
問題1　略解

携帯電話の高性能化と位置情報サービスの発展
(1) 日本における位置情報サービスは，携帯電話にインターネット接続機能と

GPS 機能が搭載されたときから始まったと言えよう．携帯電話のインターネット接続機能は 1999 年に，GPS 機能が搭載された端末は 2001 年に登場している．2007 年には，携帯電話に GPS 機能を搭載することが義務化されて，現在の多くの携帯端末は GPS 機能が搭載されている．

(2) 当初の位置情報サービスは，画面に地図を表示し，その地図上に，検索機能を用いて周辺の店舗などの情報を提示していた．その後，GPS 機能を用いたナビゲーションを行うことができるようになり，レストランなどを紹介するウェブサービスと連携する位置情報サービスなどが登場してきた．

(3) 携帯電話より大きな表示画面をもつスマートフォンやタブレット端末の登場で，さまざまな位置情報を活用したサービスが展開されている．たとえば，道路の渋滞状況を表示する位置情報サービスでは，移動体の速度と位置情報を用いて，リアルタイムに道路混雑状況を知ることができるようになってきている．

参考文献
日野高志：位置情報の活用で進化するケータイサービス，KDDI 総研 R&A（2014）．
http://www.kddi-ri.jp/article/RA2014001（2015 年 3 月 31 日現在）

問題 2　略解
RFID の動作原理

(1) RFID とは，JIS X0500 データキャリア用語によれば，「誘導電磁界または電波によって，非接触で半導体メモリのデータを読み出し，書き込みのための近距離通信を行うものの総称」である．媒体は，カード状またはタグ状のもので，電波を用いて，内蔵された半導体チップに対して，データを記録または読み出しを行うことができる．

(2) RFID は，半導体チップ（IC チップ）とアンテナから構成されている．半導体チップは，内部にメモリが搭載されており，ユニークな ID などの情報を格納できる．この ID は識別子となるが，同様の識別技術であるバーコードに比較し，情報容量が大きく，読み出し速度が速いなどの特徴がある．

(3) RFID タグが電力を供給される原理としては，電磁誘導方式とマイクロ波方式の 2 種類がある．電磁誘導方式は，アンテナに電流が流れることにより磁界が発生し，この磁界をタグ側のコイルが受けとることにより，電流

が発生する．この電気エネルギーにより，ICチップを動作させる．

一方，マイクロ波方式は，リーダー／ライターのアンテナから電波を発生させ，これをRFIDタグのアンテナで受け取り，この電波から電流を取り出して，ICチップを動作させている．

問題3　略解

これまで提案されてきたモバイル型の観光情報システムの例を以下に示す．

(1) 携帯電話とGPSを用いた観光案内システム：携帯電話向けの仮想空間を用いて観光案内を行う実験的なシステム．

参考文献
垂水浩幸, 鶴身悠子, 横尾佳余ほか：携帯電話向け共有仮想空間による観光案内システムの公開実験，『情報処理学会論文誌』, Vol.48, No.1, pp.110-124 (2007).

(2) ユニバーサルデザインに配慮した観光情報システム：携帯電話とRFIDを用いて観光者へPush型の情報提供を実現するモバイルシステム（岩手県平泉町中尊寺で社会実験を実施）．

参考文献
米田信之, 阿部昭博, 狩野 徹, 加藤 誠, 大信田康統：携帯電話とアクティブRFIDによるUD観光情報システムの開発と社会実験，『情報処理学会論文誌』, Vol.49, No.1, pp.45-57 (2008).

(3) 函館観光AR案内：スマートフォンをプラットフォームとして，拡張現実感技術を用いた観光まち歩き用のモバイルシステム．

参考文献
鈴木昭二, 橋本真一, 布村重樹：観光の楽しみを広げる拡張現実感用コンテンツ制作の試み，『情報処理学会デジタルプラクティス』, Vol.3, No.4, pp.313-322 (2012).

4章

問題1　解答

モバイル端末や携帯型ゲーム機などARに必要な機能を集約して携帯可能にし

た機器が登場し，これらが普及することで，多くの観光客がARを楽しむことのできる機器を持ち歩くようになったため．

問題2　解答

　ARToolKitやARブラウザが重畳表示におけるアノテーションの位置合わせを行ってくれるために，コンテンツ制作者は位置合わせについて考慮する必要がなくなり，提示するものの制作に集中することができ，ARToolKitやARブラウザの登場以前よりもコンテンツ制作が容易になったため．

問題3　解答

　観光の楽しみは日常を離れた体験ができる点にあり，ARにより現実の世界をいつもと異なったものに見せることができる点が観光の楽しみにつなげやすい．

問題4　解答

　たとえば，以下が考えられる．
- 著作権や肖像権を侵害するコンテンツを作ること
- モバイル端末の技術的な制約によりARの使い勝手や楽しみが損なわれてしまうコンテンツを作ること
- いわゆる「ながらスマホ」「歩きスマホ」の問題を助長してしまうコンテンツを作ること

5章

問題1・問題2　解答方針

　古地図や絵画などの文化財に加えて，たとえば，自然が対象であれば美しい山野草，街並みであれば古民家，あるいは産業遺産なども対象となりうる．できるなら，実際に撮影などしてみると，地域の文化財や風景に発見があるだろう．アーカイブである以上，記録に関する客観的情報は不可欠であるが，それに関する専門的知識をどのように収集するかも重要である．また，観光コンテンツとしての応用方法を検討してみてほしい．

6章
問題1　解答の指針
　一般的には地域の観光振興を担う自治体もしくは旅行業者が，年間の観光キャンペーンの旗印として大判のポスターを制作し，主要な鉄道，空港等の公共交通機関に掲出するのが，この種の顕著な事例である．ここで使われるコピーやビジュアルイメージ（写真やイラスト，マークロゴ等々）が，各種宣材やナビゲーションメディアにおいて，紙面や画面の主要な構成要素として使用される．どのメディアにおいても，統一的なイメージを展開するため，構成要素の利用規約が定められている．これはVIマニュアルと呼ばれるもので，ウェブサイトで公開される事例が増えている．このVIマニュアルの内容がどのように各種メディアに反映されているのかを事例をもとに考察されている事が，望ましい解答例である．

7章
問題1　解答例
- ネット時代を迎え，情報探索コスト，情報発信コストが格段に低くなり，AISASを可能にした．
- 飽食，モノ余りの時代の消費者は，興味（I）を持っても，購買意欲（D）を持つまでは至らず，AIDMAのフローが崩壊した．
- 企業が行うAIDMA型広告に慣れてしまった消費者は，広告に対する信頼性を失い，消費者同士の口コミに頼るようになった．

問題2　解答例
　経験価値とは，製品が持つ物質的・金銭的価値ではなく，利用経験から得られる精神的・感覚的価値である．聖地巡礼の対象となる「場所」は，アニメという経験的価値が，熱烈なファン間において価値共創が行われているものと想定される．

問題3　解答例
　経験価値とは，精神的・感覚的価値である以上，しばしば主観的な価値である．たとえば，個人の趣味や嗜好が反映された，食，歴史，文化，自然，交流体験等の欲望を満たすことにより，最大化される可能性が高い．このような経験価値を満た

す新しい旅行形態は，21世紀型旅行形態として期待されている．

8章
問題1　解答のヒント

　まず，誰と旅行に行くか，どのような旅行形態を選択するか，行き先はどこにするのかを決める必要がある．その後，ツアーを選ぶのであれば，旅行代理店やインターネットを通して希望に合致するツアーを検討し，申し込むであろうし，個人旅行であれば個別に飛行機や交通方法，宿泊先などを手配する必要がある．また，現地に着いてからのスケジュールをどうするのかについても決める必要がある．旅行中には，どこを観光するか，食事はどうするか，移動はどのような手段を使うのか，臨機応変に決める必要がある．時には，病気やけがなどにも対応しなければならない．帰路につく際にも，どのようなお土産を誰に買うのか，などを決めなければならない．これらは一例であり，まだまださまざまな意思決定を旅行中にする必要があるだろう．

問題2　解答のヒント

　観光商品一つ一つについては，写真や魅力的な説明文，体験談などを盛り込んで，そこに行ってみたくなるような見せ方が必要である．最近はスマートフォンで手軽に動画撮影・編集もできるので，プロモーション動画を作ったり，地元ならではの情報を盛り込んだりすることも効果的である．また，情報が多数ある場合，ユーザの好みやニーズをインタラクティブに判断し，ユーザの興味にあった商品に絞り込んでいくコンシェルジュ型のサービスも効果的である．それらを実現するためにはパーソナライゼーションやレコメンデーションといった技術を応用することになるが，どうアルゴリズムをチューニングするか，もとになるデータをどう収集するかといった課題を解決する必要がある．

問題3　解答のヒント

　旅行代理店をウェブに展開したサービスはすでに多数あるので，新しい考え方が必要である．単に旅行商品を売るだけでなく，たとえば希望ユーザが行きたいところを表明して賛同者を募るなど，消費者主導で旅行商品を作っていくビジネスモデル，個人宅で空いている部屋を貸し出すC2C型の宿泊マッチングサービ

ス，などが新しいサービスとして出現してきている．旅行に関係するステークホルダーは，旅行者，代理店，交通，宿泊，飲食，観光地，お土産，地元の人，など多数存在するので，それぞれのニーズとシーズを整理すると新しい考え方が見えてくるかもしれない．

9章
問題1　解答
- くろいシスト：「クイズ問題の全容を見出し，それに答える」という「ゴールの提示」があることで，参加者はクイズの断片が書かれた宝箱をなるべく多く見つけようと動機づけられる．
- BRICK STORY：「かつて写真撮影に訪れた場所を，仲間とともに回る」という世界観が提示されることによって，参加者の周遊行動に意味づけがなされ，周遊動機づけとなる．

問題2　ヒント
9.5節の動機づけノウハウのリストを見て考えよう．スタンプラリーなど紙ベースのゲームは，手軽に参加できるという点で，一般的にオンボーディングに優れる．一方，スマートフォンベースのゲームは，画像や音声を使った演出による世界観の表現を得意とする．また，育成ゲームや陣取りゲームなど，ゲームの種類によっては，通信を活用し，スコア／順位の可視化やコミュニティ形成に取り組んでいるものもある．

10章
問題1　解答のヒント
adidasはスニーカーやスポーツウェアなどスポーツ関連商品を開発・販売している（提供型サービス）．近年では，スマートフォン向けのアプリケーションとしてmiCoachをランナーに提供している．本アプリケーションは，スマートフォンのGPS機能を用いてランニングのログを記録し，ランニング後の分析，ランニング前のプラン作成，コーチングなどのサービスを提供する（適応型サービス）．さらに，たとえば皇居周辺でのランニング需要に対応するため，RUNBASEというランナー向け施設（ランニングステーション）を提供している．本施設にはロッカー

ルームやシャワールームが用意されており，通勤の前後でランニングをサポートするとともに，ランナーコミュニティの育成，情報交換・イベント企画の場としての役割を果たしている(適応型・共創型サービス).

図10.7の枠組みで考えると，これらのサービス群が，個人ランナーのランニングという行為を中心に据え，さまざまなランニング情報を循環させながら協働しあっているものと理解できる．これにより，スポーツ用品を販売するだけの従来型ビジネスに比べ，どのような強み・効果が生じていると考えられるだろうか．

11章
問題1　解答
　①有機的，②誘発的，③複合的，④擬似的

問題2　ヒント
　多様な解答があり得るが，本書で紹介したDMOあるいは中間システム的な役割をする組織にサービス・プロフィット・チェーンなどのサービス・マーケティング論が提唱するフレームワークを管理する役割を与えるような発想が，一つの解答例になり得る．

問題3　ヒント
　多様な解答があり得るが，図11.8（Web2.0技術と観光）を参考にしながら，「観光客への示唆」を与える方法が盛り込まれていれば，模範解答と言える．たとえば，Facebookなどのソーシャル・メディアとの間に「商業的関係を開発する」ことや，TripAdvisorなどの口コミサイトの「顧客満足度と意見を監視する」などといった解答があり得る．

12章
問題1　ヒント
　観光客数の増減原因として，天候，災害，病気の有無や広報活動，交通機関，宿泊施設等の変化に着目する．

13章

問題1　解答

世界遺産には次の三つがある．2014年度の日本の遺産数は次の通りである．なお，和食などの無形文化遺産とは区別される．合計で18件に上る．

文化遺産（14件），自然遺産（4件），複合遺産（なし）

問題2　解答

クール・ジャパン（Cool Japan）とは，日本が世界に誇る文化やその発信を行う取組みである．また，経済産業省が推進する日本の文化発信プロジェクトを意味する．クールは「かっこいい」を意味する．

問題3　解答

世界農業遺産（GIAHS: Globally Important Agricultural Heritage Systems, ジアス）は，国際連合食糧農業機関（FAO: Food and Agriculture Organization of the United Nations）によって開始されたプロジェクトである．その目的は，近代化の中で失われつつあるその土地の環境を生かした伝統的な農業・農法，生物多様性が守られた土地利用，農村文化・農村景観などを「地域システム」として一体的に維持保全し，次世代へ継承していくことと謳われている．

索引

記号・数字・欧文
@コスメ …… 93
2ちゃんねる …… 85
6軸センサ …… 33
AIDMA …… 83
AIDMAモデル …… 86, 87
AISAS …… 83
AISASモデル …… 87, 88
Amazon …… 93, 142
Amazon Mechanical Turk …… 94
Apache …… 95
AP検知方式 …… 28
AR …… 43, 50, 51, 121
Artificial Reality …… 43
ARブラウザ …… 47, 48,
Augmented Reality …… 43
BRICK STORY …… 124
CAD …… 144
CGM …… 86
CGオブジェクト …… 50
Collective Intelligence …… 90
complex systems …… 9
Computer-Aided Design …… 144
Consumer Generated Media …… 86
Coockie …… 107
Craudia …… 94
CT-Planner …… 17, 141
del.icio.us …… 170
Destination Marketing Organization …… 157
digg …… 170
DMO …… 157
Encyclopedia Britannica …… 95

Enter …… 3
Facebook …… 13, 18, 170
FIT …… 83
FITs …… 138
Flickr …… 14, 19, 93, 170
Free Independent Travelers …… 138
Free Individual Travel …… 83
FTPredict …… 94
GarageBand …… 95
Global Navigation Satellite Systems …… 27
Global Positioning System …… 14, 27, 97
GNSS …… 27
GPS …… 5, 14, 27, 46, 64, 97
ICカード …… 16, 31
ICタグ …… 31
IFITT …… 3
IMES …… 29
Indoor MEssaging System …… 29
LBS …… 23, 25
LinkedIn …… 170
Linux …… 90, 95
Livedoorグルメ …… 93
Location-Based Service …… 23
Mixed Reality …… 43
MR …… 43
MySpace …… 170
OKWave …… 94
O'Relly, Tim …… 85
PageRank …… 91
PDCAサイクル …… 141
PDSAサイクル …… 141
Perl …… 95
PlaceEngine …… 29
Pull要因 …… 10
Push要因 …… 10
QRコード …… 29, 30

Quasi-Zenith Satellite System ……… 27
QZSS ……… 27
Radio Frequency Identification ……… 24
RFID ……… 24, 30, 31, 46
Self-Organizing Map ……… 10
SEO ……… 156
SIT ……… 167
SNS ……… 13, 18, 25
Social Networking Service ……… 13, 25
SOM ……… 10
TCL ……… 10
Tohoku Emotion ……… 185
Torveld, Linus ……… 95
tourism ……… 1
Travel Career Ladder ……… 10
TripAdvisor
　　　　……… 13, 15, 145, 169, 170
Tripomatic ……… 13, 17
Trippiece ……… 145
Twitter ……… 13, 19, 170
ucodeタグ ……… 35
UGC ……… 86
UNWTO ……… 173
User Generated Content ……… 86
Value creation ……… 88
Vimeo ……… 170
Virtual Reality ……… 43
Visual Identity手法 ……… 73
VR ……… 43
Web2.0 ……… 83, 85, 166
Webルートガイド ……… 13, 17
WEF ……… 175
Wi-Fi ……… 29, 176, 197
Wikipedia ……… 94, 169
WOM ……… 87
Word of Mouth ……… 87
World Economic Forum ……… 175
YouTube ……… 93, 170

あ
アウトバウンド ……… 2
アップセル ……… 110
アノテーション ……… 45-47
アマゾン ……… 105, 166
いいね! ……… 19, 170
異質性 ……… 135
位置情報 ……… 47, 50
位置情報SNS ……… 25
位置情報ゲーム ……… 25, 122
位置情報サービス ……… 23, 25, 26
一方向モデル ……… 84, 88
一休.com ……… 13, 17
イメージ ……… 151
インターネット予約サイト ……… 160
インバウンド ……… 2, 7
インフルエンサーマーケティング ……… 88
ウェブサービス ……… 17, 101
ウェブログ ……… 14, 20
エアタグ ……… 47-50
衛星測位 ……… 27, 28
易経 ……… 1
駅すぱあと ……… 14
エンタテインメントコンピューティング
　　　　……… 6
エンパワーメント ……… 164
お伊勢参り ……… 2
屋内測位 ……… 28
オピニオンリーダ ……… 88
おもてなし ……… 187
オントロジー工学 ……… 6
オンボーディング ……… 130

か
カーネル密度推定 ……… 37
概念設計 ……… 144
価格.com ……… 93
拡張現実 ……… 43

拡張現実感 ……… 64
獲得メディア ……… 156
価値共創
　　……… 83, 85, 88-92, 96-98,
　　　　137, 140
価値共創モデル ……… 89, 90
価値共有 ……… 154
観光 ……… 1
観光案内サービス ……… 34
観光価値創造 ……… 198
観光業 ……… 83
観光競争力 ……… 175
観光行動調査 ……… 37
観光コンテンツ ……… 58, 61, 185
観光産業 ……… 70
観光資源 ……… 154
観光システム ……… 159
観光収益 ……… 173
観光周遊支援ゲーム
　　……… 50, 122, 126, 127, 130
観光情報 ……… 55
観光情報学 ……… 3-7
観光情報行動 ……… 83
観光情報行動論 ……… 84
観光地ブランディング ……… 155
観光地ブランド ……… 154
観光庁 ……… 2
観光統計 ……… 176
観光プランニング ……… 139
観光目的地 ……… 152
観光用ARコンテンツ ……… 48
観光立国の実現に向けたアクション・
　　プログラム2014 ……… 138
危機管理 ……… 26
疑似的イメージ ……… 152
基地局間距離測定方式 ……… 28
共創型サービス ……… 147
協調フィルタリング ……… 112

共同生産者 ……… 140
京都妖怪絵巻 ……… 123
近未来型位置情報サービス ……… 36
クール・ジャパン ……… 186
口コミ ……… 84, 87, 88, 93, 131
口コミサイト ……… 13, 15, 93
口コミ提供型 ……… 93
クラウドソーシング ……… 94
クリエイティブ開発 ……… 95
ぐるなび ……… 13, 15
クレジットカード ……… 16
くろいシスト ……… 120
クロスセル ……… 110
群集心理 ……… 91
経験価値 ……… 96
ゲーミフィケーション ……… 13, 129
ゲームイベント ……… 120
コア・サービス ……… 163
広告出稿 ……… 156
工場萌え ……… 98
高精細画像記録 ……… 61
行動ログ ……… 122
コールドスタート問題 ……… 113
国内ランドオペレーター ……… 161
古写真 ……… 50, 57
個人旅行 ……… 11, 83, 101
コンテンツ ……… 151
コンテンツツーリズム ……… 12, 169

さ
サービス学 ……… 7, 136
サービス工学 ……… 135-139
サービス的特性 ……… 137
サービステクノロジー ……… 137
サービス・デリバリー・システム
　　……… 162
サービス・プロフィット・チェーン
　　……… 164

索引　219

サービス・マーケティング ……… 96
サービス・マネジメント・システム
　　　　　……… 162
最短経路問題 ……… 18
最低価格保証 ……… 17
サブ・サービス ……… 163
サプライヤー ……… 158
参加のアーキテクチャ ……… 91
ジオキャッシング ……… 13, 97, 127
自己組織化マップ ……… 10
自粛 ……… 203
自粛ムード ……… 183
自然言語処理 ……… 6
持続可能 ……… 135
実体設計 ……… 144
室内測位 ……… 29
自メディア ……… 155
じゃらんnet ……… 13, 17
集合知 ……… 85, 90
集合知の「集約プロセス」 ……… 91
集合知の「生成プロセス」 ……… 91
主観的経験価値 ……… 97
準天頂衛星システム ……… 27
巡礼記 ……… 97
消費行動 ……… 86
消費者行動モデル ……… 195
消費者生成コンテンツ ……… 86
消費者生成メディア ……… 86
情報行動 ……… 83, 84
情報の非対称性 ……… 17
情報発信
　　　　　……… 85, 102, 140, 152, 155, 203
情報フィルタリング ……… 93
人工現実感 ……… 43
人工知能 ……… 7
人力検索 ……… 94
人力検索はてな ……… 94
推薦型 ……… 93

スタンプラリー ……… 119, 126
スマートシティ ……… 6
スマートフォン ……… 6, 14, 24, 32, 35
聖地巡礼 ……… 4, 12, 50, 83, 96
製品的特性 ……… 137
制約充足問題 ……… 18
世界遺産 ……… 193
セカイカメラ ……… 47
世界観 ……… 126, 130
世界観光機関 ……… 173
世界観光競争力ランキング ……… 175
世界経済フォーラム ……… 175
セルフプランニングツール ……… 141
全世界的航法衛星システム ……… 27
双方向的モデル ……… 89
ソーシャルタグ ……… 93
ソーシャル・ネットワーキング・サービス
　　　　　……… 13
ソーシャルネットワーク ……… 132

た
大衆向けパッケージツアー ……… 143
タイムライン ……… 19
宝探しゲーム ……… 97, 120, 127
旅の窓口 ……… 17
タブレットコンピュータ ……… 24, 32
食べログ ……… 13, 15
団体旅行 ……… 11
地域コンテンツ ……… 56
地域デジタルアーカイブ
　　　　　……… 57, 65, 71, 72
知識創造 ……… 94
知識ベースレコメンデーション ……… 114
地図 ……… 18
着地型旅行会社 ……… 161
中間システム ……… 161
重畳表示 ……… 45, 46
提供型サービス ……… 147

適応型サービス ……… 147
デザイン ……… 69, 135
デジタルアーカイブ
　　　……… 50, 55-57, 59, 60
デスティネーション ……… 70, 152
デスティネーションキャンペーン
　　　……… 70
デスティネーション・マーケティング
　　　……… 158
電界強度測定方式 ……… 28
動機づけ ……… 129
東京大学総合研究博物館 ……… 75
ときめき がまごおり ……… 124
トリッピース ……… 145
トリップアドバイザー ……… 15, 145

な
内容ベースレコメンデーション ……… 113
ナビゲーション ……… 69, 78, 79
日記ウェブ ……… 85
認知科学 ……… 7
ネットコミュニティ ……… 96
ネット世論 ……… 156
乗換案内 ……… 14

は
パーソナライゼーション ……… 104, 105
バーチャルリアリティ ……… 43
バイラルマーケティング ……… 88
函館市中央図書館デジタル資料館
　　　……… 58, 60, 71
函館図書館 ……… 57
バズマーケティング ……… 88
パッケージ商品 ……… 11
パッケージツアー ……… 158
初音ミク ……… 95
パルミサーノ・レポート ……… 136
ヒートマップ ……… 19

東日本大震災
　　　……… 26, 173, 181-185, 193,
　　　　　198, 200
ピクトグラム ……… 69
ビジットジャパンキャンペーン ……… 173
風評被害 ……… 182, 200-204
フォークソノミ ……… 93
フォロー ……… 19
複合現実感 ……… 43
複合的イメージ ……… 152
複雑系 ……… 9
ブックマーク ……… 93
ブランディング ……… 153, 156
ブログ ……… 14, 20, 85
プロシューマ ……… 140
分類型 ……… 93
ヘルスツーリズム ……… 1, 13
訪日観光 ……… 138
ポータルサイト ……… 17, 195
ホールセラー ……… 159
募集型企画旅行 ……… 143
ホットペッパーグルメ ……… 13, 15
ぽねこ ……… 124

ま
マーカー型の位置合わせ ……… 45
マスツーリズム ……… 83
未完成ガイドブック ……… 131
みちびき ……… 27
ミッション ……… 130, 132
ミッション in 佐久島 アートハンター
　　　……… 122
未来新聞 ……… 94
無形性 ……… 135
無形文化遺産 ……… 190
メディアの影響力 ……… 84
メディアミックス ……… 73

メネフネアドベンチャートレイル
　　　……… 126
モバイルGIS ……… 24
モバイルコンピューティング ……… 6
モバイル端末 ……… 32
モバイルミュージアム ……… 75
問題解決型サービス科学
　　　研究開発プログラム ……… 138

や
有機的イメージ ……… 152
ユーザ参加 ……… 85, 86, 91
ユーザの協調 ……… 91
ユーザプロファイル ……… 106
ユーザモデル ……… 106
誘発的イメージ ……… 152
ユニバーサルデザイン
　　　……… 33, 35, 80, 194
ユビキタスコンピューティング ……… 6
予想型 ……… 94
欲求段階説 ……… 10

ら
楽天トラベル ……… 13, 17
ランドオペレーター ……… 160
リテーラー ……… 159
リトファスゾイレ ……… 65, 75, 76
利用者参加 ……… 127
旅行 ……… 1
旅行者コミュニティ ……… 145
リレーションシップマーケティング
　　　……… 88
ルールベースのアプローチ ……… 108
歴史観光都市 ……… 71
レコメンデーション ……… 104, 105
レコメンデーション技術 ……… 109
レベルシステム ……… 130
連帯感 ……… 129

ロングテール現象 ……… 166

わ
和食 ……… 190

著者紹介（執筆順）

松原　仁　（まつばら ひとし）

公立はこだて未来大学 システム情報科学部 教授
matsubar@fun.ac.jp
序文, 1章, 13章(13.1節)

山本雅人　（やまもと まさひと）

北海道大学 大学院情報科学研究科 教授
masahito@complex.ist.hokudai.ac.jp
2章

深田秀実　（ふかだ ひでみ）

小樽商科大学 商学部 准教授
fukada@res.otaru-uc.ac.jp
3章

鈴木昭二　（すずき しょうじ）

公立はこだて未来大学 システム情報科学部 准教授
ssuzuki@fun.ac.jp
4章

川嶋稔夫　（かわしま としお）

公立はこだて未来大学 システム情報科学部 教授
kawasima@fun.ac.jp
5章

木村健一　（きむら けんいち）

公立はこだて未来大学 システム情報科学部 教授
kimura@fun.ac.jp
6章

伊藤直哉　（いとう なおや）

北海道大学 大学院国際広報メディア・観光学院 教授
naoya@imc.hokudai.ac.jp
7章

川村秀憲　（かわむら ひでのり）

北海道大学 大学院情報科学研究科 准教授
kawamura@complex.ist.hokudai.ac.jp
8章

倉田陽平　（くらた ようへい）

首都大学東京 都市環境学部 准教授
ykurata@tmu.ac.jp
9章

原　辰徳　（はら たつのり）

東京大学 人工物工学研究センター 准教授
hara_tatsu@race.u-tokyo.ac.jp
10章

内田純一　（うちだ じゅんいち）

北海道大学 大学院国際広報メディア・観光学院 准教授
uchida@cats.hokudai.ac.jp
11章

鈴木恵二　（すずき けいじ）

北海道大学 大学院情報科学研究科 教授
suzuki@complex.ist.hokudai.ac.jp
12章

大薮多可志　（おおやぶ たかし）

学校法人 国際ビジネス学院学院長
oyabu24@gmail.com
13章（13.2節）

阿部昭博　（あべ あきひろ）

岩手県立大学 ソフトウェア情報学部 教授
abe@iwate-pu.ac.jp
13章（13.3節）

長尾光悦　(ながお みつよし)

北海道情報大学 経営情報学部 准教授
nagao@do-johodai.ac.jp
13章（13.4節）

大内　東　(おおうち あずま)

北海商科大学 商学部 教授
ohuchi@hokkai.ac.jp
13章（13.4節）

小野哲雄　(おの てつお)

北海道大学 大学院情報科学研究科 教授
tono@ist.hokudai.ac.jp
編集幹事

特定非営利活動法人 観光情報学会

　観光情報学会は，我が国の観光産業に関連する人たちに対して，観光と情報活用の視点からの学術研究・実用研究に基づいた提言等の実施事業を行うとともに，新しい学問分野としての観光情報学の確立・発展を図る活動，およびその分野の研究者の育成と支援活動を通して，我が国の観光産業の発展とそのための戦略研究に寄与することを目的として，2003年9月に設立された学術団体です．

観光情報学入門

Ⓒ2015 Society for Tourism Informatics
Printed in Japan

2015年5月31日　初版第1刷発行

編　者　観光情報学会
著　者　松原　仁・山本雅人・深田秀実・鈴木昭二
　　　　川嶋稔夫・木村健一・伊藤直哉・川村秀憲
　　　　倉田陽平・原　辰徳・内田純一・鈴木恵二
　　　　大薮多可志・阿部昭博・長尾光悦・大内　東
　　　　小野哲雄
発行者　小山　透
発行所　株式会社 近代科学社
　　　　〒162-0843　東京都新宿区市谷田町2-7-15
　　　　電話 03-3260-6161　振替 00160-5-7625
　　　　http://www.kindaikagaku.co.jp

藤原印刷　　　　　　　　　ISBN978-4-7649-0482-8
　　　　　　　　　　定価はカバーに表示してあります。

近代科学社の好評数学書

数学用語 英和辞典

蟹江幸博 編
A5変型判・384頁・定価(3,000円+税)

イアン・スチュアートの数学物語
無限をつかむ

イアン・スチュアート 著／沼田 寛 訳
菊判・384頁・定価(3,300円+税)

幾何的な折りアルゴリズム

エリック・D・ドメイン & ジョセフ・オルーク 著
上原隆平 訳
B5判・536頁・定価(16,000円+税)

ゲームとパズルの計算量

ロバート・A・ハーン & エリック・D・ドメイン 著
上原隆平 訳
菊判・288頁・定価(4,500円+税)

折り紙のすうり

ジョセフ・オルーク 著／上原 隆平 訳
菊判・248頁・定価(4,200円+税)

世界標準 MIT教科書
アルゴリズムイントロダクション 第3版 総合版

■著者
T.コルメン, C.ライザーソン, R.リベスト, C.シュタイン

■訳者
浅野 哲夫, 岩野 和生, 梅尾 博司, 山下 雅史, 和田 幸一

■B5判・上製・1120頁

■定価（14,000円＋税）

　原著は，計算機科学の基礎分野で世界的に著名な4人の専門家がMITでの教育用に著した計算機アルゴリズム論の包括的テキストであり，本書は，その第3版の完訳総合版である．

　単にアルゴリズムをわかりやすく解説するだけでなく，最終的なアルゴリズム設計に至るまでに，どのような概念が必要で，それがどのように解析に裏打ちされているのかを科学的に詳述している．

　さらに各節末には練習問題（全957題）が，また章末にも多様なレベルの問題が多数配置されており（全158題），学部や大学院の講義用教科書として，また技術系専門家のハンドブックあるいはアルゴリズム大事典としても活用できる．

■主要目次
I 基礎 / II ソートと順序統計量 / III データ構造
IV 高度な設計と解析の手法 / V 高度なデータ構造 / VI グラフアルゴリズム
VII 精選トピックス / 付録 数学的基礎 / 索引（和（英）‐英（和））

あなたの？の答えがきっとある！
知ってる？シリーズ

どこから読んでも面白い！欧米で超人気の教養書を完全翻訳！

人生に必要な数学50
トニー・クリリー[著]
野崎昭弘[監訳]
対馬 妙[翻訳]

人生に必要な哲学50
ベン・デュプレ[著]
近藤隆文[翻訳]

人生に必要な物理50
ジョアン・ベイカー[著]
和田純夫[監訳]
西田美緒子[翻訳]

人生に必要な遺伝50
マーク・ヘンダーソン[著]
斉藤隆央[翻訳]

人生に必要な心理50
エイドリアン・ファーナム[著]
松本剛史[翻訳]

人生に必要な経営50
エドワード・ラッセル＝ウォリング[著]
月沢李歌子[翻訳]

(B5変型判・定価各2,000円＋税)